经济管理国家级实验教学示范中心（嘉兴学院）

国家特色专业　浙江省新兴特色专业

会计学专业模拟实验系列教材

总主编 潘煜双

会计综合
模拟实验教程

（第四版）

潘煜双　杨火青　刘　勇／编著

立信会计出版社

LIXIN ACCOUNTING PUBLISHING HOUSE

图书在版编目(CIP)数据

会计综合模拟实验教程 / 潘煜双，杨火青，刘勇编著. —4 版. —上海：立信会计出版社，2019.5(2022.7 重印)
ISBN 978 - 7 - 5429 - 6153 - 2

Ⅰ. ①会… Ⅱ. ①潘… ②杨… ③刘… Ⅲ. ①会计学—高等学校—教材 Ⅳ. ①F230

中国版本图书馆 CIP 数据核字(2019)第 088795 号

策划编辑　　余　榕
责任编辑　　余　榕

会计综合模拟实验教程 (第四版)

KUAIJI ZONGHE MONI SHIYAN JIAOCHENG

出版发行	立信会计出版社			
地　　址	上海市中山西路 2230 号	邮政编码	200235	
电　　话	(021)64411389	传　　真	(021)64411325	
网　　址	www.lixinaph.com	电子邮箱	lixinaph2019@126.com	
网上书店	http://lixin.jd.com	http://lxkjcbs.tmall.com		
经　　销	各地新华书店			
印　　刷	上海万卷印刷股份有限公司			
开　　本	787 毫米×1092 毫米	1/16		
印　　张	11.5	插　　页	1	
字　　数	283 千字			
版　　次	2019 年 5 月第 4 版			
印　　次	2022 年 7 月第 4 次			
印　　数	9 301—12 400			
书　　号	ISBN 978 - 7 - 5429 - 6153 - 2/F			
定　　价	38.00 元			

如有印订差错，请与本社联系调换

总　　序

　　20世纪90年代中后期以来,随着我国社会主义市场经济的快速发展,与之相关联的会计专业人才的市场需求不断扩大,各高校会计学专业招生人数也不断扩大。但是,与之俱来的问题是会计人才的动手能力还不能满足企事业单位的要求。会计学专业是实践性很强的专业,特别是地方高校的会计学专业毕业生就业面向实务,用人单位希望毕业生有比较强的动手能力。然而,现在与过去相比,面临的难题是,过去学生学习由学校通过企业或行业主管部门统一安排,接收毕业生的实习是企业的一项任务,实习单位无论在规模上或层次上都能满足实践教学的需求。但是,现在的毕业生实习都是松散型的,学校也不可能像以前那样将学生统一安排到固定的企业实习。在此背景下,各高校开始自己建立实验室,自编实验教材,安排学生进行会计模拟实验。嘉兴学院的这套"会计学专业模拟实验系列教材"先在校内经过多轮的试用,体系和内容已较成熟,后自2006年开始在立信会计出版社陆续出版。迄今为止,已出版的教材有《初级会计学模拟实验教程》《中级财务会计学模拟实验教程》《成本会计学模拟实验教程》《税务会计模拟实验教程》《会计综合模拟实验教程》5本,《会计信息系统模拟实验教程》也将于近期出版。至此,这套"会计学专业模拟实验系列教材"的体系更加完整,内容更加全面,涵盖了会计学专业的核心课程。其中,《初级会计学模拟实验教程》荣获"华东地区大学出版社第八届优秀教材学术专著二等奖",有关实践教学课题的研究有3项课题获得学校教学成果一等奖。

　　本套教材总体架构是按照嘉兴学院商学院院长、国家特色专业(会计学)建设点负责人潘煜双教授提出的"点""线""面"实践教学法的要求设计的。"点"是针对具体课程的具体教学内容开展单项实验,帮助学生理解概念和消化课堂内容,掌握专项技能。"线"是针对某一课程的内容进行系统的综合实验,培养学生独立处理会计业务的能力。"面"是专业的综合训练,具体包括:①专业综合实验,以一个特定企业为例,选择设计1个月的业务,要求学生独立完成一个会计循环的全部会计工作,培养学生的会计政策选择、职业判断等综合业务能力。②ERP实训,全面提高会计管理能力及沟通、协作能力。③专业实习、毕业实习,提高学生的观察能力、适应能力及分析、解决问题的能力。④学年论文、毕业论文的撰写,提高学生理论水平及专业研究能力。⑤学科竞赛,财会信息化竞赛、挑战杯创业设计大赛、大学生研究训练计划(SRT)等,提高学生对知识的融会贯通及应用能力,全面提高学生的综合素质。

近年来,本套教材历经多次改版和重印,说明其深受读者的欢迎,本次的修订和补充广泛吸纳相关用书单位的意见,特别是使用本套教材的专业老师的意见,并结合现行的企业会计准则、制度等对原有内容进行了修改和完善;将原有章节安排的教学内容改为以实验项目设计的教学内容,更进一步突出实践教学的特点和"点""线""面"实验教学法的要求;增设必做实验项目和选做实验项目,以适应不同专业、不同层次的需要。通过本次的修订和补充,旨在使本套教材的特点更加明显。

按照"点""线""面"教学法设计的本套教材的框架科学合理,符合实践认知规律。"点"的实践教学主要是训练学生应用某一点或某一会计基本理论和基本知识的能力,培养某一专项基本技能;"线"的实践教学主要是训练学生综合应用某一课程所涉及的基本理论和基本知识的能力,培养该课程要求达到的综合应用能力和基本技能;"面"的实践教学主要是训练学生对知识的融会贯通,培养学生的会计政策选择、职业判断等综合业务能力,以实现专业培养目标的要求。本套教材实验资料真实,具有高度仿真性。实验所用资料是企业实际发生的经济业务,实验所用的各种账册、发票、票据、结算凭证等与实际工作完全相同。学生按照会计工作岗位进行模拟情境实验就如同在企业进行会计处理,其真实感较强。

本套教材还体现了专业实验教学不断线的特点。对于"会计学原理""中级财务会计""成本会计""电算化会计""税务会计"等课程均配有一定的实验课时,并在课程实验基础上,设计了系统的实验课程——"会计综合实验"。

本套教材还配有与实验相关的附录,如《初级会计学模拟实验教程》《中级财务会计模拟实验教程》《成本会计学模拟实验教程》《税务会计模拟实验教程》《会计综合模拟实验教程》均配有"实验教学项目卡""实验中学生常见问题的解答""实验评分标准""实验结果验收记录表""实验过程控制记录表""实验报告格式及写作要求"和"实验思考题"等,便于老师指导和学生自学。

本套教材适用于高等院校会计学、财务管理、审计等专业,其他经管类专业也可以根据需要选用本套教材内的相关实验教材。

编　者

2019 年 5 月

第四版前言

自 2008 年 6 月出版以来,《会计综合模拟实验教程》一书在会计学等专业教学中已经使用了 11 个年头了,累计改版了 3 次,重印了 8 次,累计印量达到 28 000 余册,得到了诸多使用院校师生和会计实务工作者的认可。

本次改版是在第三版的基础上,按照《财政部关于修订印发 2019 年度一般企业财务报表格式的通知》(财会〔2019〕6 号)、《财政部 税务总局 海关总署〈关于深化增值税改革有关政策公告〉》(财政部 税务总局 海关总署公告 2019 年第 39 号)、《国家税务总局关于增值税纳税申报有关事项的公告》(国家税务总局公告 2019 年第 15 号)、《国家税务总局关于修订〈中华人民共和国企业所得税年度纳税申报表(A 类,2017 年版)部分表单样式及填报说明的公告》(国家税务总局公告 2018 年第 57 号)等财经法规,并充分吸纳了热心专家的建议和数年来使用本书的专业教师的教学反馈,对原有内容进行了修改、完善、补充和提高。本次改版在内容上主要是按照调整后的增值税税率修改了书中涉及增值税的相应业务,补充了纳税人购进国内旅客运输服务中增值税进项税额的抵扣和相应的会计处理,更新了企业所得税年度申报表的部分表单。经过本次修订,本书的内容更加完善,更能体现内容的适时性和形式的仿真性。

本次改版由杨火青老师负责修订。

编　者

2019 年 5 月

前　言

《会计综合模拟实验教程》一书是在《初级会计学模拟实验教程》和《中级财务会计学模拟实验教程》课程实验的基础上形成的。"初级会计学模拟实验"和"中级财务会计学模拟实验"属于课程实验,主要是满足《初级会计学》和《中级财务会计学》课程教学中实践性教学环节(由嘉兴学院商学院副院长潘煜双教授在2005年全国实验教学工作会议上提出的"点、线、面"实践教学法中"点、线"的实践教学环节)的需要。"会计综合模拟实验"属于一门单独开设的实验课程,是"面"的实践教学环节,不仅包含财务会计、成本会计、税务会计等的"点、线"专业知识,还融合金融、税法、证券等方面的相关专业知识。因此,通过会计综合模拟实验以提高学生对会计技术综合处理的能力,培养学生的综合实践应用能力,形成系统的会计管理思想。嘉兴学院作为国家实验教学示范中心建设单位,会计学专业系浙江省重点建设专业,本书属于实验系列教材建设中的一本,是依据新的《企业会计准则》和2007年新《中华人民共和国企业所得税法》等财税法规,并结合企业实际编写的。本书也是在多年使用的基础上,经反复论证修改完成的,主要具有以下特色。

一、实验内容综合、新颖

《会计综合模拟实验教程》一书是依据某制造企业一个会计期间在供、产、销经营过程中实际发生的经济业务进行适当修正后形成的,包括从开设账户和账簿、填制和解读原始凭证、编制记账凭证、登记账簿、计算产品成本、核算财务成果、计算与申报应纳税款、进行利润分配到编制和分析财务报表的一个会计实务工作的循环,内容涉及财务会计、成本会计、税务会计、金融、财税法规、证券等经济业务。本书选取的经济业务均依据新《企业会计准则》和新《企业所得税法》等财税法规进行模拟实验。

二、实验资料真实

实验所用的资料是企业实际发生的经济业务,实验所用的各种账册、记账凭证、财务报表、发票、票据、结算凭证以及纳税申报表的格式与实际工作完全相同。

学生按照会计工作岗位进行模拟情境实验就如同在企业进行会计处理,真实感强。

三、职业判断能力要求高

本书在内容编排上有明显的特色,一般的会计实验教材在提供原始凭证的基础上,又对该原始凭证记载的经济业务给予文字说明,即解读。这种方式仍未完全脱离课堂教学的模式,学生仍然依赖于已给出的对原始凭证的解读来理解该项经济业务,然后才能进行会计处理,这种实验方式与实际工作仍有较大差距,未能达到模拟的要求。本书只对小部分经济业务进行文字描述,对大部分经济业务只提供原始凭证,与实际工作完全相同,需要学生先对所提供的原始凭证,依据已学的会计专业知识和相关知识进行解读,然后才能进行有关的账务处理。我们认为,这种模拟实验方式能较好地完成从理论到实际的转变,提高学生对经济业务性质的识别能力,促进学生职业判断能力的形成和提高,真正实现与企业实际"零距离"接触。为方便学生学习,还提供了新《企业会计准则——应用指南》中会计科目表和一般企业的资产负债表、利润表、现金流量表和所有者权益变动表的格式以及新《企业所得税法》及其实施条例。

本书由潘煜双、杨火青、刘勇编著,其中潘煜双教授负责设计提纲,杨火青负责内容构架和技术路线的设计,刘勇负责业务资料的组织技术要求的设计。

本书适用于会计、财务、审计等专业的会计综合模拟实验课程的使用。

本书得到了嘉兴学院教务处和商学院的支持,在编写过程中会计系的老师和同学提出了许多宝贵意见和建议,立信会计出版社余榕女士对出版本教材以及前面两本实验教材给予了热情帮助。在此,我们表示衷心的感谢。

由于我们水平有限,书中难免有不足之处,敬请读者批评指正,以便下次修订时补充、提高。

编　者
2008 年 5 月

目　　录

实　验　大　纲

一、总则

为使学生更好地掌握会计专业知识及相关知识的综合应用能力,特制定本实验大纲。

（一）适用范围

（1）相关课程名称及课程属性：会计综合模拟实验或会计专业模拟实习,属专业模块课。

（2）适用的专业：会计学、财务管理、审计学。

（3）实验总学时数：3周。

（4）学分：2学分。

（二）实验目的与任务

会计综合模拟实验是在主要专业主干课程教学任务结束后进行的一次专业实践活动,是学生运用已掌握的专业理论知识,在老师的具体指导下,独立进行会计综合模拟实验、实地参观学习等一系列实践活动,使学生经受一次专业实际操作技能的训练,从而培养和提高学生应用理论知识解决实际问题的能力。

专业实习采取模拟实验方式,根据掌握的会计专业课程的主要内容,在教师的指导下,独立完成从原始凭证和记账凭证的填制、账簿的设计与登记、成本计算、纳税申报与缴纳到财务报表的编制等会计核算模拟操作以及财务报表的分析,最后完成专业实习报告的写作任务。

（三）实验要求

（1）根据所提供的实验资料在教师的指导下,学生能独立完成会计工作的各环节,最后完成专业实习报告的写作任务。

（2）学生应根据会计基础工作规范、企业会计准则、财经法规的要求进行会计处理。

（3）在实验过程中,学生每天应撰写实验日记。

（4）在条件允许的情况下,学生应先进行手工实验,然后再上机实验。

（5）指导老师介绍实验的目的、任务与要求,实验资料的基本情况的说明,实验进度的检查等。

二、实验主要内容

根据教学计划安排,会计专业实习主要完成以下几个方面工作。

（一）会计核算模拟实验

1. 模拟实验准备阶段

（1）详细了解模拟企业的概况：①企业名称和性质。②生产工艺概况。③会计政策及核算要求等。

（2）熟悉模拟企业会计工作组织：①机构设置。②财务人员分工。③会计规范要求。

2. 模拟实习操作阶段

(1) 会计凭证的填制。

(2) 各种会计账簿的设置与登记。

(3) 成本计算。

(4) 纳税申报与缴纳。

(5) 期末结账和对账。

(6) 编制会计报表。

(7) 分析会计报表。

(二) 撰写实习报告

实习报告是对实习工作的总结,要求每位同学撰写 3 000 字左右的实习报告。实习报告内容主要包括:模拟实习单位的概况、采用的会计政策、经济业务处理过程、以某类经济业务为例详细描述其技术处理方法及过程、实验结果(列出主要数据)、实验的体会等。

(三) 验收阶段

验收阶段是实验的连续,是一种提炼。实习结束时,学生应上交装订好的会计凭证、账簿、财务报表、有关表格、实习笔记、实习报告等材料。指导老师首先对记载实习结果会计资料进行验收;其次对学生提问,检验学生对整个实验内容的会计处理过程的把握程度,应用会计理论知识对经济业务解读是否正确、到位,就实验资料中账账之间、账表之间的关系是否清楚,某些会计数据的来龙去脉及用途是否明确等。

三、实习考核与评分方法

专业实习采用综合测评的方法加以评定,成绩评定为优、良、中、及格和不及格五个等级,综合测评的内容如下:

(1) 学生的实习态度:占 20%,根据考勤表记录。

(2) 模拟实验的质量:占 65%,包括模拟实习的正确性、规范性、整洁性、完整性、及时性及答疑情况。

(3) 实习报告的质量:占 15%。

实验课时分配表

　　"会计综合模拟实验"课程一般属于集中实践教学环节，多数学校会统一安排实验时间，本书建议安排 3 周，每周 5 天的时间进行会计综合模拟实验；基于本实验属于综合性实验项目，从内容上很难划分具体的子项目，因此，实验时间安排也只能大体划分为 3 个阶段，即实验初始阶段、实验实施阶段和实验结束阶段。每个阶段的时间安排如下表所示，各学校可视学校实验时间作适当调整。

"会计综合模拟实验"课程课时分配表

序号	阶段	实验内容	实验学时	备 注
1	第一阶段	实验讲解	2	指导老师讲解会计综合模拟实验总体要求
2		学生熟悉实验企业情况、建账	6	如果实验时间不足 3 周，明细账开设可以简化些
3	第二阶段	编制记账凭证	24	包括原始凭证粘贴
4		登记账簿	24	登记现金日记账、银行存款日记账、明细分类账和总分类账
5		产品成本计算	8	编制产品成本计算表、计算完工产品成本等
6		纳税申报	12	编制增值税、企业所得税等申报表
7		结账、对账	8	
8		编制会计报表	12	编制资产负债表、利润表，有条件的可以编制现金流量表、所有者权益变动表
9		报表分析	8	撰写分析报告
10	第三阶段	撰写实验报告	8	
11		验收	8	指导老师查看实验结果、提问等
		合计	120	

　　注：①实验 3 周共计 15 天，一天按 8 小时计算共计 120 学时。②指导老师应注意学生实验节奏，检查学生实验进度，督促学生及时完成。

执笔人：　　　　　　　　　　　　　　　　　　　　审核人：

参与讨论人员：　　　　　　　　　　　　　　　　　　年　月　日

第一章　模拟实习公司概述

一、公司概况

海塘市广海股份有限公司是由海塘市工业投资股份有限公司、大洋股份有限公司和安海有限责任公司3家公司共同发起设立的。其注册资本为188万元人民币,其中,海塘市工业投资股份有限公司占70％股份、大洋股份有限公司占20％股份、安海有限责任公司占10％股份。公司法定代表人:李晓亮。公司地址:海塘市石板街54号。开户银行:中国工商银行海塘支行。账号:6222955810321085878。纳税人识别号:9133045678886239 8N。公司设有一个基本生产车间,主要生产C01与C02产品;另设有供汽和机修两个辅助生产车间,主要为基本生产车间供汽和提供设备修理等服务。

二、公司会计制度与说明

公司执行《企业会计准则》。

（一）流动资产部分

（1）会计核算以人民币为记账本位币。

（2）交易性金融资产按公允价值计量。

（3）应收款项以摊余成本后续计量。

（4）原材料存货日常收发核算按计划成本计价核算,低值易耗品按实际成本计价核算。收入原材料实际成本与计划成本的差异逐笔结转。发出原材料平时只登记原材料明细账发出数量,其计划成本月终根据有关领料单编制原材料耗用汇总表一次结转。发出原材料应负担的材料成本差异,于月终按本月原材料成本差异率计算并一次结转。发出低值易耗品按全月一次加权平均法计算,采用一次转销法。

（5）产成品收发核算按实际成本计价核算。本月入库产成品的实际成本于月终根据生产成本计算表一次结转;本月发出产成品的实际单位成本按全月一次加权平均法计算;发出产成品的实际成本于月终根据产品销售成本计算表一次结转。

（6）存货期末计量。于资产负债表日按照存货成本与可变现净值孰低计量,并按单个存货项目计提存货跌价准备。

（二）非流动资产部分

1. 持有至到期投资

持有至到期投资应当按取得时的公允价值和相关交易费用之和作为初始确认金额 。如果支付的价款中包含已到付息期但尚未领取的债券利息,单独确认为应收项目。在持有期间应当按照摊余成本和实际利率计算确认利息收入,计入投资收益。持有到期投资以摊余成本后续计量,其发生减值时,应当将该金融资产的账面价值减计至预计未来现金流量,减计的金额确认为资产减值损失,计入当期损益。

2. 可供出售金融资产

可供出售金融资产应当按取得时的公允价值和相关交易费用之和作为初始确认金额。如果支付的价款中包含已到付息期但尚未领取的债券利息或已宣告但尚未发放的现金股利,单独确认为应收项目。在持有期间取得的现金股利或债券利息,应当计入当期损益。资产负债表日,可供出售金融资产应当以公允价值计量,且公允价值变动计入其他综合收益。可供出售金融资产发生减值的,在确认减值损失时,应当将原直接计入所有者权益中的因公允价值下降形成的累计损失予以转出,计入当期损益。

3. 长期股权投资

长期股权投资应当按取得时的成本作为初始确认金额,但实际支付的价款或对价中包含的已宣告但尚未领取的现金股利或利润应当作为应收项目单独入账。长期股权投资后续计量分别按照成本法和权益法处理,如果发生减值的按照资产减值准备或《企业会计准则第 23 号——金融资产转移》的有关规定处理。该公司对江凌公司的投资比例为 51%,能够对其实施控制,江陵公司系非上市公司,采用成本法核算。

4. 固定资产

固定资产折旧方法:房屋建筑物、机器设备和其他设备均采用年限平均法。

固定资产修理费用直接计入当期有关费用。

5. 无形资产

无形资产通常是按实际成本计量,即以取得无形资产并使之达到预定用途而发生的全部支出作为无形资产的成本。使用寿命有限的无形资产,应在其预计的使用寿命内采用系统合理的方法对应摊销金额进行摊销。该公司采用直线法进行摊销。

(三)产品成本核算部分

1. 成本计算方法

该公司成本计算采用品种法,以 C01 和 C02 产品作为产品成本计算对象,其发生的共同费用,如固定资产折旧、车间管理人员薪酬、一般材料消耗等,先通过"制造费用"账户核算,月终按生产产品工时比例进行分配转入各产品成本。生产费用在完工产品和在产品之间分配方法,C01 产品按约当产量比例法,C02 产品按定额成本计价法。

2. 账户设置

供汽车间和修理车间不设置"制造费用"账户,各辅助生产车间为提供劳务发生的各项间接费用,直接记入"生产成本——辅助生产成本"账户。辅助生产车间为提供劳务发生的费用采用直接分配法分配,即分配辅助生产费用时不考虑辅助生产内部相互提供的劳务量,即不经过辅助生产成本的交互分配,直接将各辅助生产车间发生成本分配给辅助生产以外的各个受益单位或产品。

3. 费用分配率

各项费用分配率精确至 0.000 1,尾数由最后的项目承担。

4. 成本项目

本公司设置以下三个成本项目:

(1)直接材料。直接材料包括企业生产产品或提供劳务过程中实际消耗的原材料及主要材料、辅助材料、备品配件、燃料和其他直接材料。

(2)直接人工。直接人工包括公司直接从事生产产品或提供劳务的生产工人工资和其他各种形式的职工薪酬。

（3）制造费用。制造费用包括企业为生产产品和提供劳务而发生的各项间接成本，包括生产车间管理人员的工资等职工薪酬、折旧费、办公费、水电费、机物料消耗、劳动保护费、季节性和修理期间的停工损失等。

（四）税费部分

1. 增值税

该公司为增值税一般纳税人。增值税税率为 13%，出口货物退税率为 13%。

2. 城市维护建设税（简称城建税）

（1）计税金额：应交增值税、应交消费税之和。

（2）税率：7%。

3. 教育费附加和地方教育费附加

（1）计费金额：应交增值税、应交消费税之和。

（2）征收率：教育费附加 3%、地方教育费附加 2%。

4. 企业所得税

所得税税率为 25%。

按季度申报预缴企业所得税，年度终了汇算清缴。

5. 社会保险费

（1）缴费基数：企业缴纳的基本养老保险、工伤保险、失业保险部分为经审核的企业上年度的工资总额或省政府规定的全省年平均工资。个人缴纳部分为职工本人上一年度月平均工资。

（2）费率：

基本养老保险费：14%（企业缴纳），8%（企业职工缴纳）。

工伤保险费：0.5%（企业缴纳）。

失业保险费：2%（企业缴纳），1%（企业职工缴纳）。

基本医疗保险基金：7.8%（企业缴纳），2%（企业职工缴纳）。

（五）利润分配部分

1. 本公司章程约定

（1）公司注册资本为 188 万元人民币，其中，海塘市工业投资股份有限公司持股比例为70%、大洋股份有限公司持股比例为 20%、安海有限责任公司持股比例为 10%。

（2）公司税后利润按下列顺序分配：①弥补以前年度亏损。②提取法定盈余公积 10%。③提取任意盈余公积。④支付普通股股利。

2. 利润分配方案

由公司董事会拟订利润分配方案交股东大会审议批准后向外公布。

（六）其他

1. 记账凭证

公司所使用的记账凭证分为收款凭证、付款凭证和转账凭证。

2. 会计核算形式

该公司采用的会计核算形式为科目汇总表会计核算形式。

第二章 模拟实习资料

一、部分经济业务的会计处理提示

海塘市广海股份有限公司 2019 年 12 月发生的部分经济业务的会计处理提示如下：

（1）如原始凭证 2-1，为第 2 笔经济业务的第 1 张原始凭证。

（2）原始凭证 1-1-1 和原始凭证 1-1-2 代表相同原始凭证的不同联次（即增值税专用发票的第二联和第三联）。

（3）材料验收入库按计划成本结转，同时确认材料成本差异并予以结转。

（4）销售产品，其成本于月终时汇总结转，平时只进行取得销售收入的账务处理。

（5）第 10 笔经济业务，由于支付前欠货款是确定的，可不通过"其他货币资金"科目核算。

（6）第 23 笔经济业务，购入办公用品直接发放，支付货款时，同时直接记入有关成本费用科目。

（7）第 24 笔经济业务，完成工资结算汇总表中"应付工资""代扣款项合计栏"和"实发金额"计算工作，然后进行发放工资和代扣款项的账务处理，职工养老保险、失业保险、医疗保险和个人所得税通过"应交税费"科目核算。

（8）辅助生产车间发生的成本费用记入"生产成本"科目，基本生产车间发生的制造费用先通过"制造费用"科目归集，月终时按生产工时比例分配计入 C01，C02 产品成本。第 37 笔经济业务为制造费用分配业务，需分配的制造费用根据"制造费用明细账"本月发生额确认。

（9）第 39 笔经济业务，编制产品完工验收入库并结转其制造成本的记账凭证。

（10）该公司所得税按季度纳税申报，2019 年 1～9 月份已预缴所得税 15 333.33 元，但为了体现年度企业所得税的纳税业务，第 46 笔经济业务为计算申报年度应纳所得税额（本书提供部分申报表，各使用学校可根据需要增加）。

该公司应按税法规定进行纳税调整：①坏账准备。②存货、固定资产减值准备。③营业外支出中的赞助支出 10 000 元。④交易性金融资产。⑤期初递延所得税资产。⑥2019 年 1～11 月份发生的管理费用中业务招待费为 63 000 元。

该公司从江凌公司分回的现金股利，属于符合条件的居民企业之间的股息红利等权益性投资收益，享受免税优惠政策。

除此之外，该公司无其他纳税调整项目，未来所得税税率为 25%。2019 年 1～11 未发生坏账损失、未计提资产减值准备；1～11 月份累计投资收益为出售交易性金融资产取得的投资收益；递延所得税资产期初余额系 2018 年广告费按所得税税法计算的递延所得税资产 5 901.87 元和坏账准备计算的递延所得税资产 337.50 元，所得税税率为 25%。

二、模拟实验资料

（一）有关账户余额

1. 12 月初科目余额表

12 月初科目余额表

2019 年 12 月 01 日　　　　　　　　　　　　　　　　单位:元

总 账 科 目	明 细 账 科 目	借 方 余 额	贷 方 余 额
库存现金		7 000	
银行存款		385 540	
交易性金融资产	歌华有线股票（成本）	260 000	
应收票据	商业承兑汇票——海梅公司	21 000	
应收账款	龙江公司	64 000	
	山江公司	5 000	
	嘉明公司	52 000	
	民安公司	270 630	
坏账准备			1 350
预付账款	海临公司	6 970	
其他应收款	李江林	4 000	
	存出包装物押金——马桥公司	10 440	
周转材料	在库	15 993.26	
原材料		120 600	
材料成本差异			7 753.26
库存商品	产成品	120 800	
生产成本		39 400	
可供出售金融资产		300 000	
递延所得税资产		6 239.37	
长期股权投资	江凌公司	300 000	
固定资产	房屋建筑物	1 577 140	
	机器设备	1 158 360	
	其他设备	120 636.89	
累计折旧			1 181 310
在建工程	02厂房建筑工程	445 120	

（续表）

总 账 科 目	明 细 账 科 目	借 方 余 额	贷 方 余 额
无形资产	专利权	159 000	
累计摊销			70 829.37
长期借款	工商银行		1 500 000
应付票据	海临有限公司		19 000
应付账款	江城公司		92 306
	西山公司		83 915.40
	毛山工厂		56 200
预收账款	潮海公司		10 200
其他应付款	东方工厂		9 000
应付职工薪酬	社会保险费		32 643.30
应交税费	未交增值税		4 819.81
	应交城市维护建设税		337.39
	应交教育费附加		240.99
	代职工缴纳社会保险		12 609
应付利息			9 000
股本	海塘市工业投资股份有限公司		1 316 000
	大洋公司		376 000
	安海公司		188 000
资本公积	资本溢价		8 320
盈余公积	法定盈余公积		126 435
利润分配	未分配利润		125 600
本年利润			218 000

2. 12月初原材料结存表

12 月初原材料结存表

2019 年 12 月 01 日   金额单位:元

材料名称	单 位	数 量	计划单价	金 额
甲材料	千克	13 000	5.00	65 000
乙材料	千克	9 500	4.00	38 000
丙材料	千克	11 000	1.60	17 600
合 计				120 600

3. 12月初库存商品结存表

12 月初库存商品结存表

2019 年 12 月 01 日   金额单位:元

产品名称	单 位	数 量	单位成本	金 额
C01 产品	件	4 000	21.50	86 000
C02 产品	件	2 320	15.00	34 800
合 计				120 800

4. 12月初在产品成本表

12 月初在产品成本表

2019 年 12 月 01 日   金额单位:元

产品名称	期初结存数量(件)	成 本 项 目			
		直接材料	直接人工	制造费用	合 计
C01 产品	1 200	14 640	7 200	1 800	23 640
C02 产品	1 250	10 750	4 250	760	15 760
合 计		25 390	11 450	2 560	39 400

5. 12月初低值易耗品结存表

12 月初低值易耗品结存表

2019 年 12 月 01 日   金额单位:元

名 称	单 位	数 量	单位成本	金 额
工作服	件	112	142.797	15 993.26
合 计				15 993.26

6. 12月初交易性金融资产明细表

12月初交易性金融资产明细表

2019 年 12 月 01 日

股票名称	股数（股）	成本（元）	公允价值增减变动（元）
华歌有线	10 000	260 000	0
合　计	10 000	260 000	0

7. 12月初可供出售金融资产明细表

12 月初可供出售金融资产——债券明细表

2019 年 12 月 01 日　　　　　　　　　　　　金额单位：元

名　　称	购入时间	张数(张)	面值总额	利息调整	票面利率	实际利率
山凌公司债券	2018.11.01	1 000	100 000	0	6%	6%
合　计		1 000	100 000			

注：山凌公司债券为分期付息到期还本的债券，付息每年 5 月 1 日和 11 月 1 日。

8. 12月初可供出售金融资产明细表

12 月初可供出售金融资产——股票明细表

2019 年 12 月 01 日　　　　　　　　　　　　金额单位:元

名　　称	购入时间	股　数（股）	成　本	公允价值变动
中海发展	2018.11.26	7 000	200 000	0
合　计		7 000	200 000	

（二）11 月份会计报表

1．资产负债表

资 产 负 债 表

会企 01 表

编制单位:海塘市广海股份有限公司　　2019 年 11 月 30 日　　单位:元

资产	期末余额	年初余额	负债和所有者权益（或股东权益）	期末余额	年初余额
流动资产：			流动负债：		
货币资金	392 540.00	123 500.00	短期借款		70 000.00
交易性金融资产	260 000.00		交易性金融负债		
衍生金融资产			衍生金融负债		
应收票据	21 000.00	30 000.00	应付票据	19 000.00	
应收账款	390 280.00	101 720.00	应付账款	232 421.40	25 105.00
应收款项融资			预收款项	10 200.00	
预付款项	6 970.00	9 000.00	合同负债		
其他应收款	14 440.00	30 030.00	应付职工薪酬	32 643.30	19 900.00
存货	289 040.00	302 040.00	应交税费	18 007.19	12 000.00
合同资产			其他应付款	18 000.00	124 600.00
持有待售资产			持有待售负债		
一年内到期的非流动资产			一年内到期的非流动负债		
其他流动资产			其他流动负债		
流动资产合计	1 374 270.00	596 290.00	流动负债合计	330 271.89	251 605.00
非流动资产：			非流动负债：		
债权投资	300 000.00		长期借款	150 000.00	218 000.00
其他债权投资			应付债券		
长期应收款			其中:优先股		
长期股权投资	300 000.00	300 000.00	永续债		
其他权益工具投资			租赁负债		
其他非流动金融资产			长期应付款		
投资性房地产			预计负债		
固定资产	1 674 826.89	1 631 780.00	递延收益		
在建工程	445 120.00		递延所得税负债		
生产性生物资产			其他非流动负债		
油气资产			非流动负债合计	1 500 000.00	218 000.00
使用权资产			负债合计	1 830 271.89	469 605.00
无形资产	88 170.63	59 250.63	所有者权益(或股东权益)：		
开发支出			实收资本(或股本)	1 880 000.00	1 880 000.00
商誉			其他权益工具		
长期待摊费用		16 400.00	其中:优先股		
递延所得税资产	6 239.37	6 239.37	永续债		
其他非流动资产			资本公积	8 320.00	8 320.00
非流动资产合计	2 814 356.89	2 013 670.00	减:库存股		
			其他综合收益		
			专项储备		
			盈余公积	126 435.00	126 435.00
			未分配利润	343 600.00	125 600.00
			所有者权益(或股东权益)合计	2 358 355.00	2 140 355.00
资产总计	4 188 626.89	2 609 960.00	负债和所有者权益(或股东权益)总计	4 188 626.89	2 609 960.00

2. 利润表

利 润 表

编制单位:海塘市广海股份有限公司　　　2019 年 11 月　　　　　　　　　　　　　　　　单位:元

项　　目	本期金额	上期金额
一、营业收入	3 866 180.00	(略)
减:营业成本	2 790 917.00	
税金及附加	20 327.00	
销售费用	196 712.00	
管理费用	554 290.67	
研发费用		
财务费用	74 390.00	
其中:利息费用	72 000.00	
利息收入	325.00	
加:其他收益		
投资收益(损失以"－"号填列)	11 639.00	
其中:对联营企业和合营企业的投资收益		
以摊余成本计量的金融资产终止确认收益(损失以"－"号填列)		
净敞口套期收益(损失以"－"号填列)		
公允价值变动收益(损失以"－"号填列)		
信用减值损失(损失以"－"号填列)		
资产减值损失(损失以"－"号填列)		
资产处置收益(损失以"－"号填列)		
二、营业利润(亏损以"－"号填列)	241 182.33	
加:营业外收入	16 280.00	
减:营业外支出	24129.00	
三、利润总额(亏损总额以"－"号填列)	233 333.33	
减:所得税费用	15 333.33	
四、净利润(净亏损以"－"号填列)	218 000.00	
(一)持续经营净利润(净亏损以"－"号填列)		
(二)终止经营净利润(净亏损以"－"号填列)		
五、其他综合收益的税后净额		
(一)不能重分类进损益的其他综合收益		
1. 重新计量设定受益计划变动额		
2. 权益法下不能转损益的其他综合收益		
3. 其他权益工具投资公允价值变动		
4. 企业自身信用风险公允价值变动		
……		
(二)将重分类进损益的其他综合收益		
1. 权益法下可转损益的其他综合收益		
2. 其他债权投资公允价值变动		
3. 金融资产重分类计入其他综合收益的金额		
4. 其他债权投资信用减值准备		
5. 现金流量套期储备		
6. 外币财务报表折算差额		
……		
六、综合收益总额	218 000.00	
七、每股收益:		
(一)基本每股收益		
(二)稀释每股收益		

（三）经济业务及其原始凭证

（1）12月3日，购买材料，验收入库，并结算款项，上月预付部分货款。

原始凭证 1-1-1

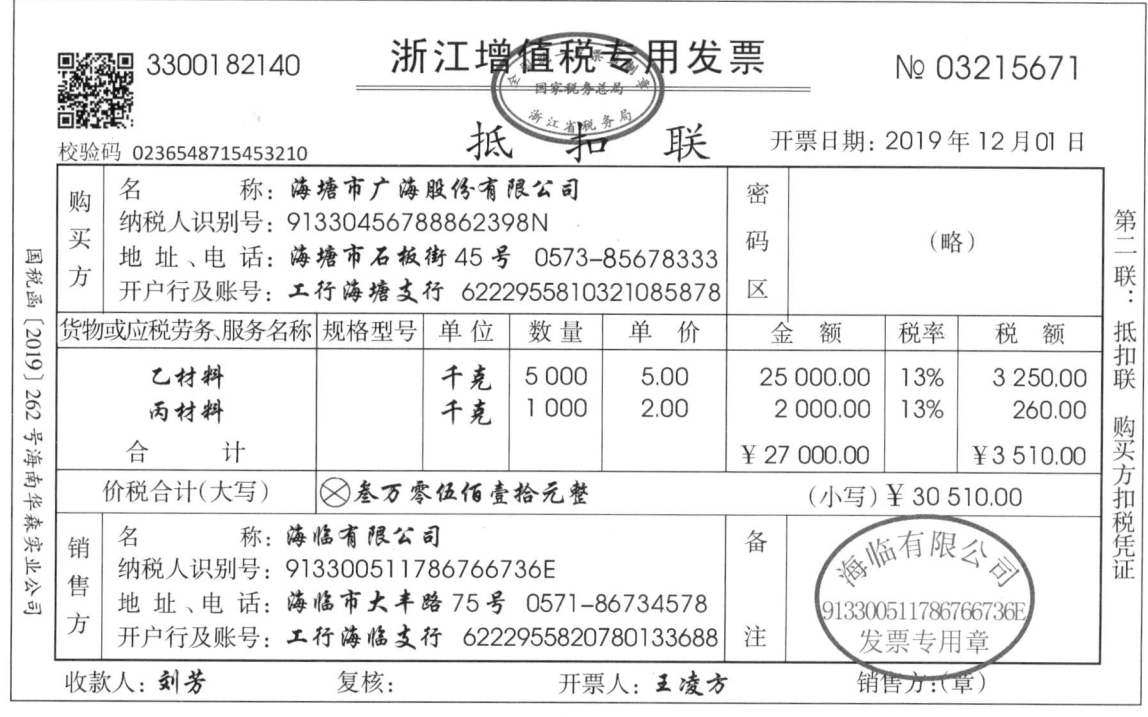

原始凭证 1-1-2

原始凭证 1-2-1

原始凭证 1-2-2

原始凭证 1-3

<table>
<tr><td colspan="9" align="center">商业承兑汇票(存根)　3</td><td colspan="2">汇票号码
IXIV3683246</td></tr>
<tr><td colspan="11">出票日期　贰零壹玖年壹拾贰月零叁日</td></tr>
</table>

付款人	全　称	海塘市广海股份有限公司	收款人	全　称	海临有限公司
	账　户	6222955810321085878		账　户	6222955820780133688
	开户银行	工行海塘支行		开户银行	工行海临支行

		千	百	十	万	千	百	十	元	角	分
出票金额	人民币(大写)　贰万陆仟壹佰伍拾陆元整			￥	2	6	1	5	6	0	0

汇票到日期	贰零贰零年零肆月零壹日	付款人开户行	行号	2935
交易合同号码	302	地址		海临市中山路106号

备注

此联由出票人存查

原始凭证 1-4

<table>
<tr><td colspan="5" align="center">材料采购运杂费分配表</td></tr>
<tr><td colspan="3" align="center">签发日期　2019年12月03日</td><td colspan="2" align="right">金额单位:元</td></tr>
<tr><td>发货单位</td><td colspan="4" align="center">海　临　公　司</td></tr>
<tr><td>材料名称</td><td>分配标准(千克)</td><td>分配率</td><td>分配金额</td><td>备　注</td></tr>
<tr><td>乙材料</td><td>5 000</td><td>0.4</td><td>2 000</td><td></td></tr>
<tr><td>丙材料</td><td>1 000</td><td></td><td>400</td><td></td></tr>
<tr><td>合　计</td><td>6 000</td><td></td><td>2 400</td><td></td></tr>
</table>

原始凭证 1-5

广海公司材料入库验收单

| 类 别 | 原料及主要材料 | | | | | | | | 编 号 | 6 | |
| 发票编号 | | | | | | | | | 来 源 | 海临公司 | |

验收日期 2019 年 12 月 03 日

品 名	规格	单位	数 量		实 际 价 格(元)				计 划 价 格(元)		第三联 会计记账联
			来料数	实数	单 价	总 价	运杂费	合 计	单 价	总 价	
丙材料		千克	1 000	1 000	2.00	2 000	400	2 400	1.60	1 600	
乙材料		千克	5 000	5 000	5.00	25 000	2 000	27 000	4.00	20 000	
合 计						27 000	2 400	29 400		21 600	

供销主管：李涛　　　验收保管：王文华　　　采购：丁海江　　　制单：江萍

（2）12 月 3 日，销售多余材料，收到货款。

原始凭证 2-1

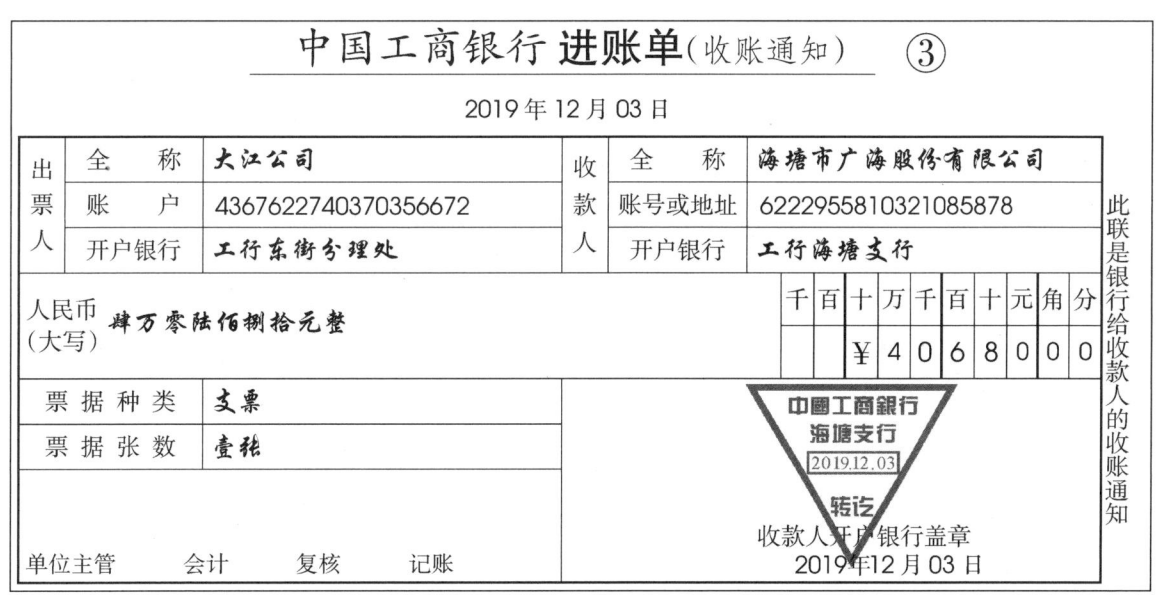

原始凭证 2-2-1

原始凭证 2-2-2

原始凭证 2-2-3

浙江增值税专用发票

3300182140

№ 08429050

发票联

开票日期：2019 年 12 月 03 日

校验码 0210437854672971

| 购买方 | 名　　　称：大江公司
纳税人识别号：91330456788753266B
地址、电话：海塘市东街 210 号　0573-85243105
开户行及账号：建行海秀支行　4367622740370356672 | 密码区 | （略） |

货物或应税劳务、服务名称	规格型号	单位	数量	单价	金额	税率	税额
甲材料		千克	6 000	6.00	36 000.00	13%	4 680.00
合　计					¥36 000.00		¥4 680.00

价税合计（大写）　⊗肆万零陆佰捌拾元整　　　　　（小写）¥ 40 680.00

| 销售方 | 名　　　称：海塘市广海股份有限公司
纳税人识别号：91330456788862398N
地址、电话：海塘市石板街 45 号　0573-85678333
开户行及账号：工行海塘支行　6222955810321085878 | 备注 | 海塘市广海股份有限公司
91330456788362398N
发票专用章 |

收款人：刘凌　　　复核：　　　　　开票人：杨帆　　　　销售方：（章）

国税函〔2019〕262 号海南华森实业公司

第三联：发票联　购买方记账凭证

（3）12 月 3 日，签发转账支票，支付广告费。

原始凭证 3-1

| 中国工商银行**转账支票存根**
10203322
03156783

附加信息 _____
_____
_____

出票日期　年 月 日

收款人：
金　额：
用　途：

单位主管：　会计：
复核：　　　记账： | 付款期限自出票之日起十天 | 中国工商银行 **转账支票**

出票日期：　　　年　　月　　日
（大写）
　　　　　开户行名称：
收款人：　　　　　出票人账号：

人民币
（大写）

用途 _____　　密码 _____
上列款项请从　　　　行号 _____
我账户内支付
出票人盖章　　　　　复核：　　记账： | 10203322
03156783

千百十万千百十元角分 |

注：要求签发支票，支付电视广告费。

原始凭证 3-2-1

原始凭证 3-2-2

（4）12月4日，销售产品并代垫运费，向银行办妥委托收款手续。

原始凭证 4-1

铁路货物运费结算单

2019 年 12 月 04 日   第 15 号

发货单位：**广海公司**	说明：**代嘉明公司垫付**
收货单位：**嘉明公司**	由收货单位负担
承运单位：**上海铁路局**	里程：**300 千米**
货物件数：**1 800 件** 运费：**¥1 800.00**	人民币（大写）：**壹仟捌佰元整**
注：发票已交购买方。	（有关人员盖章）

原始凭证 4-2-1

原始凭证 4-2-2

原始凭证 4-2-3

原始凭证 4-3

| 中国工商银行**转账支票**存根
10203322
03156784 | 中国工商银行 转账支票 | 10203322
03156784 |

中国工商银行**转账支票**存根
10203322
03156784

附加信息＿＿＿＿＿＿＿＿＿

＿＿＿＿＿＿＿＿＿＿＿＿

＿＿＿＿＿＿＿＿＿＿＿＿

出票日期　年　月　日

收款人：

金　额：

用　途：

单位主管：　　会计：

复　核：　　记账：

中国工商银行 转账支票

出票日期：　　　年　　月　　日

开户行名称：*海塘支行*

收款人：　　　　　签发人账号：085878

人民币
（大写）　　　　　千百十万千百十元角分

用途＿＿＿＿＿＿＿　　密码＿＿＿＿＿＿

　　　　　　　　　行号＿＿＿＿＿＿

上列款项请从
我账户内支付

出票人盖章：　　　复核：　　记账：

付款期限自出票之日起十天

注：要求签发支票，签发支票金额为代垫运费。

原始凭证 4-4

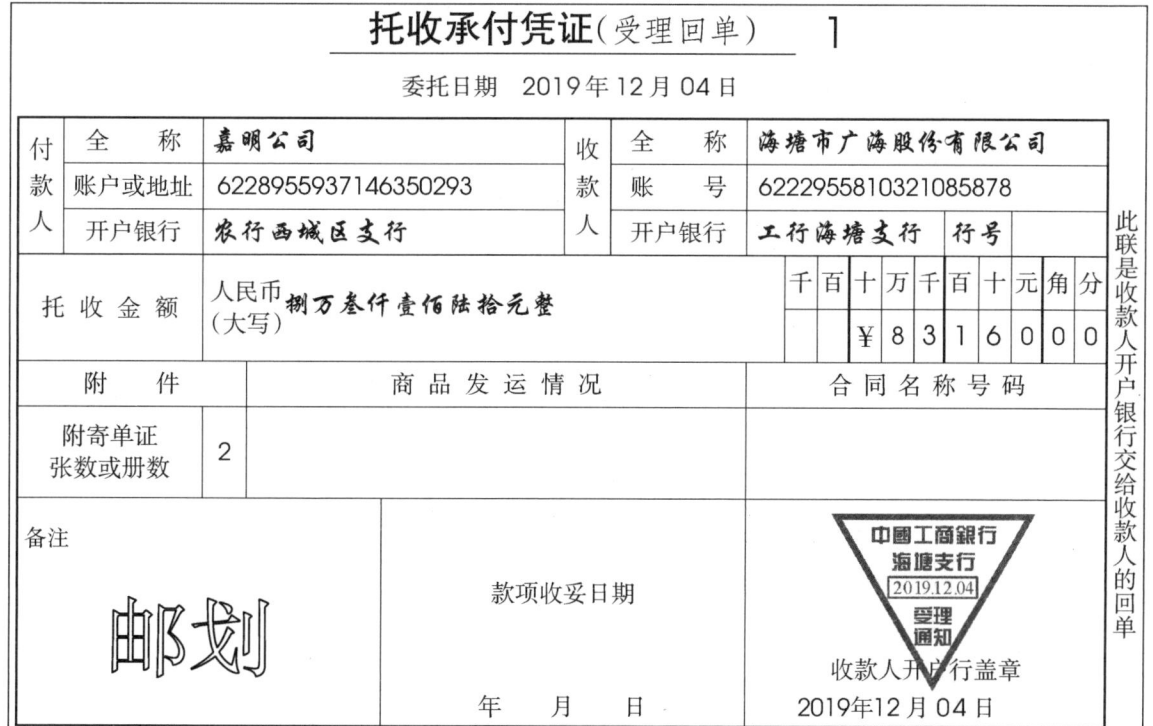

托收承付凭证（受理回单）　1

委托日期　2019年 12 月 04 日

付款人	全　称	嘉明公司	收款人	全　称	海塘市广海股份有限公司									
	账户或地址	6228955937146350293		账　号	6222955810321085878									
	开户银行	农行西城区支行		开户银行	工行海塘支行	行号								
托收金额		人民币 *捌万叁仟壹佰陆拾元整*（大写）				千	百	十	万	千	百	十	元	角	分
								¥ 8	3	1	6	0	0	0
附　件		商品发运情况			合同名称号码									
附寄单证张数或册数	2													

备注

邮划

款项收妥日期

年　月　日

中国工商银行
海塘支行
2019.12.04
受理
通知

收款人开户行盖章
2019年12月 04 日

此联是收款人开户银行交给收款人的回单

（5）12月7日，购买材料，材料验收入库，款项以信汇方式支付。

原始凭证 5-1

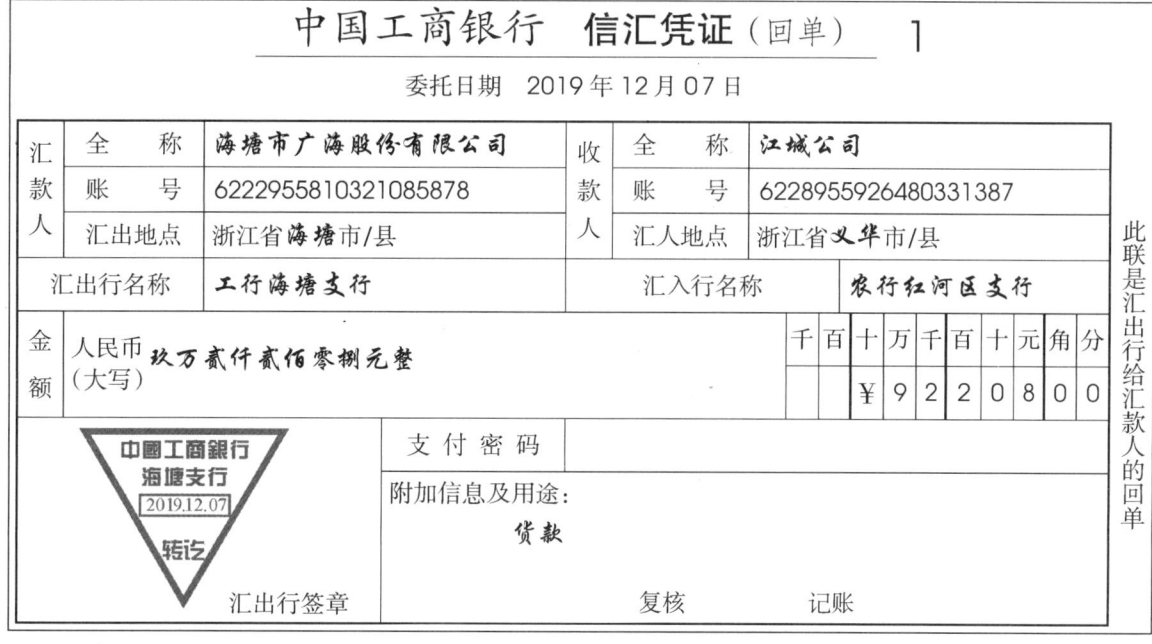

原始凭证 5-2-1

原始凭证 5-2-2

原始凭证 5-3

广海公司材料入库验收单

类 别	原料及主要材料							编 号		7	
发票编号			验收日期：2019 年 12 月 07 日					来 源		江城公司	

品 名	规格	单位	数 量		实 际 价 格				计 划 价	
			来料数	实数	单价	总价	运杂费	合计	单价	总价
甲材料		千克	16 000	16 000	5.10	81 600		81 600.00	5.00	80 000.00
合 计						81 600		81 600.00		80 000.00

供销主管：李涛　　　验收保管：王文华　　　采购：丁海江　　　制单：江萍

（6）12月8日,职工报销差旅费,采用预借方式,报销时多退少补。

原始凭证 6-1

借 支 单

2019 年 11 月 29 日　　　　№ 003654

工作部门	业务科	职 务	科 长	姓 名	李江林	盖 章
借支金额	肆仟元整					
借款原因	出差		附证件			
还款日期	回厂后一周内					
批 核	同意	厂长:张伟国		本联供报销时销账		

会计:马明明　　　　　出纳:刘凌风　　　　　制单:李江林

第三联:报销联

原始凭证 6-2

差旅费报销单

单位:业务科　　　　　　　　　　　　　　　2018 年 12 月 08 日 填

月	日	时间	出发地	月	日	时间	到达地	车(船)费	卧铺费	夜补行助车%	市内交通费	住宿费	会议费	出差补助 天数	出差补助 金额	增值税
11	30	8:00	广海	11	30	17:00	江峰	1 200				1 000	800	5	400	324
12	4	8:00	江峰	12	4	17:00	广海	1 200								
合　　　计								2 400				1 000	800		400	324

出差事由	报销金额 人民币(大写) 肆仟玖佰贰拾肆元零角零分	报销金额:4 924
出差参加 产品订货会	经费 授权人 章峰　　负责人 杨青青　　出差人 李江林	预借金额:4 000
		结余或超支:924

附单据 4 张

注:车票、住宿费、会议费发票附后(略)。上述增值税包含住宿费、会议费和铁路车票的增值税。

原始凭证 6-3

支 款 通 知
第 二 联
№

2019 年 12 月 08 日

支　　付　李江林

人民币　玖佰贰拾肆元整

备　　注　参加产品订货会差旅费扣原借款4 000 元后补差额

现金付讫

单位盖章:　　　　会计:马明明　　　　出纳:刘凌风　　　　经手人:李江林

（7）12月9日，固定资产报废，残料作原材料入库，支付清理费用，并结转清理净损失。

原始凭证7-1

固定资产报废单

№

2019 年 12 月09日

固定资产名称及编号	规格型号	单 位	数 量	预计使用年限(年)	已使用年限(年)	原始价值(元)	已提折旧(元)	备 注
钻床		台	1	10	9	24 000	21 000	
固定资产状况及报废原因	因陈旧，不能继续使用							
处理意见	使用部门		技术鉴定小组		固定资产管理部门		领导审批	
	因设备陈旧		情况属实		同意转入清理		同意报废	

原始凭证7-2

材料入库单

№

收料单位：**材料仓库**　　　　　　2019 年 12 月09日

材料编号	材料名称	规 格	计量单位	数 量	实际成本		备 注
					单位成本	总成本	
	低耗品（电机）		台	1	700.00	700.00	固定资产清理的残料
合计						￥700.00	

验收：**江明丰**　　　　　　保管：**张海英**　　　　　　制单：**周金峰**

原始凭证7-3

中国工商银行**转账支票**存根

10203322
03156785

附加信息_____

_____

出票日期 2019 年 12 月09日

收款人：**海塘市工程公司**
金　额：￥500.00
用　途：**支付清理费用**

单位主管：　　会计：

复　核：　　记账：

中国工商银行 转账支票

10203322
03156785

出票日期：**贰零壹玖**年 **壹拾贰**月 **零玖** 日

开户行名称：**海塘支行**

收款人：　**海塘市工程公司**　　　签发人账号：085878

人民币（大写）**伍佰元整**

千	百	十	万	千	百	十	元	角	分
				￥	5	0	0	0	0

付款期限自出票之日起十天

用途 **劳务费**

上列款项请从我账户内支付
出票人盖章

密码_____

行号_____

复核：　　记账：

注：已取得该公司开具的增值税普通发票(略)。

原始凭证 7-4

内 部 转 账 单

2019 年 12 月09日

项 目	金 额	备 注
报废净值 残料收入 清理费用	3 000 700 500	
清理净损失(或收益)	2 800	

制表：马明明　　　　　　　　　　　　　　　　　　复核：杨青青

(8) 12 月 10 日,未到期的商业承兑汇票贴现。

原始凭证 8-1

贴现凭证(代申请书) 1

申请日期　2019 年 12 月 10 日　　　　　　　第 号

申请人	全　称	海塘市广海股份有限公司	贴现汇票	种　类	商业承兑汇票		号码	SC05347
	账号或地址	6222955810321085878		出票日	2019 年 08 月 10 日			
	开户银行	工行海塘支行		到期日	2020 年 02 月 10 日			

汇票承兑人 (或银行)	名　称	海梅公司	账号	4563955 6613303 56883	开户银行	中行东山办事处

汇票金额 (面值)	人民币 (大写)贰万壹仟元整(票面利率8%)	千	百	十	万	千	百	十	元	角	分
					¥2	1	0	0	0	0	0

贴现率(年)	10%	贴现利息	千	百	十	万	千	百	十	元	角	分	实付贴现金额	千	百	十	万	千	百	十	元	角	分

兹根据《银行结算办法》的规定,附送承兑汇票申请贴现,请审核。
　　此致
　　申请人盖章

银行审核　贴现银行　负责人　信贷员

中国工商银行
海塘支行
2019.12.10
转讫

科目(付)＿＿＿＿＿
对方科目(收)＿＿＿＿＿
复核　记账

申请贴现企业入账通知

注:完成贴现利息,实付贴现金额的计算,并填列上述空白处。

（9）12月10日，收到上月应收账款。

原始凭证9-1

<table>
<tr><td colspan="8" align="center">中国农业银行 信汇凭证（收账通知） 4</td></tr>
<tr><td colspan="8" align="center">委托日期 2019 年 11 月 30 日</td></tr>
</table>

汇款人	全　称	民安公司	收款人	全　称	海塘市广海股份有限公司
	账号	6228955937291066601		账号	6222955810321085878
	汇出地点	安徽省安庆市/县		汇入地点	浙江省海塘市/县
汇出行名称		农行安江支行	汇入行名称		工行海塘支行

金额 人民币（大写）贰拾柒万零陆佰叁拾元整 ￥27063000

此联给收款人的收账通知

中国工商银行海塘支行 2019.12.10 收账通知

汇出行签章　复核　记账

（10）12月10日，申请银行汇票。

原始凭证10-1

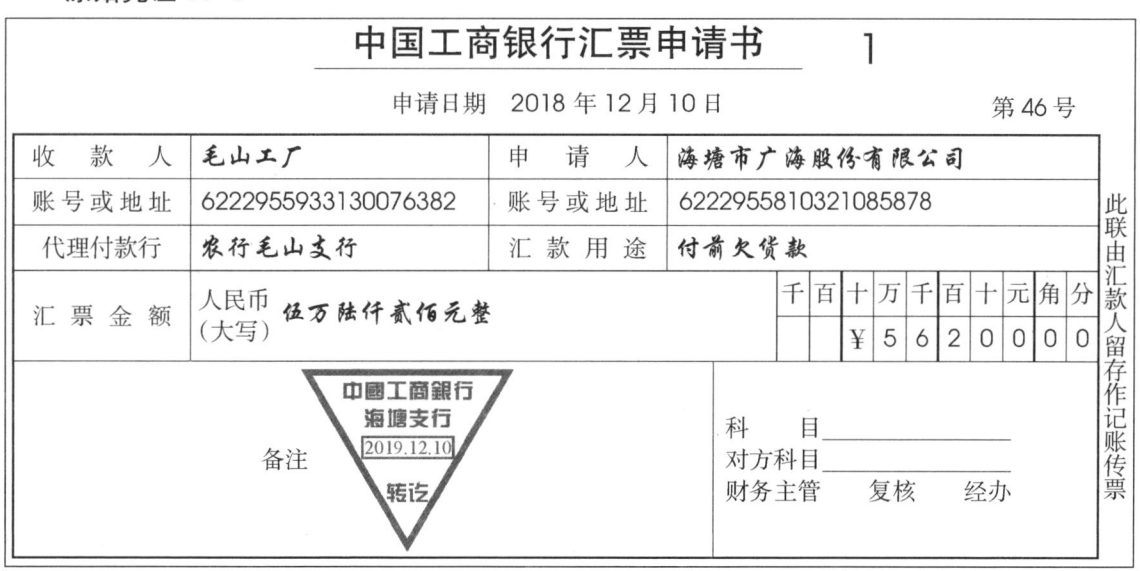

中国工商银行汇票申请书 1

申请日期 2018 年 12 月 10 日　第46号

收款人	毛山工厂	申请人	海塘市广海股份有限公司
账号或地址	6222955933130076382	账号或地址	6222955810321085878
代理付款行	农行毛山支行	汇款用途	付前欠货款

汇票金额 人民币（大写）伍万陆仟贰佰元整 ￥5620000

中国工商银行海塘支行 2019.12.10 转讫

科　目＿＿＿＿
对方科目＿＿＿＿
财务主管　复核　经办

此联由汇款人留存作记账传票

注：银行汇票已交毛山工厂。

（11）12月12日，销售产品，取得银行汇票，填写进账单并送存银行。

原始凭证 11-1

浙江增值税专用发票

3300182140 №08429052

此联不作报销、扣税凭证使用

校验码 2680456893201468　　　　　　　　　　　开票日期：2019 年 12 月 12 日

购买方	名　　　称：民安公司 纳税人识别号：91320356791005301A 地　址、电话：安庆市大丰路 13 号　0556-83456701 开户行及账号：农行安江支行　6228955937291066601	密码区	（略）

货物或应税劳务、服务名称	规格型号	单位	数量	单价	金额	税率	税额
C01		件	5 000	30.00	150 000.00	13%	19 500.00
C02		件	1 000	26.00	26 000.00	13%	3 380.00
合　　计					¥ 176 000.00		¥ 22 880.00

价税合计（大写）	⊗壹拾玖万捌仟捌佰捌拾元整	（小写）¥ 198 880.00

销售方	名　　　称：海塘市广海股份有限公司 纳税人识别号：91330456788862398N 地　址、电话：海塘市石板街 45 号　0573-85678333 开户行及账号：工行海塘支行　6222955810321085878	备注

收款人：刘凌　　　复核：　　　开票人：杨帆　　　销售方：（章）

第一联：记账联　销售方记账凭证

国税函〔2019〕262 号海南华森实业公司

原始凭证 11-2-1

中国农业银行　2

银 行 汇 票

付款期 壹个月

汇票号码 00061237

出票日期 贰零壹玖年壹拾贰月壹拾贰日　　代理付款行：工行海塘支行　　行号：

收款人：海塘市广海股份有限公司	账号：6222955810321085878

汇票金额	人民币（大写）：贰拾壹万元整

实际结算金额	千 百 十 万 千 百 十 元 角 分

账号：6228955937291066601

申请人：民安公司

密押：

出票行：农行安江支行

行　号：2156007

备　注：

出票行盖章：

中国农业银行
安江支行
2019.12.10
出票

多余金额

千 百 十 万 千 百 十 元 角 分

复核：　　记账：

此联代理付款行付款后作联行往账借方凭证附件

原始凭证 11-2-2

<table>
<tr><td colspan="2" align="center">银 行 汇 票（背面）</td><td rowspan="4">（贴粘单处）</td></tr>
<tr><td>被背书人</td><td>被背书人</td></tr>
<tr><td></td><td></td></tr>
<tr><td align="center">背书人盖章
年 月 日</td><td align="center">背书人盖章
年 月 日</td></tr>
<tr><td>持票人向银行
提示付款签章：</td><td>证件名称：　　　　发证机关：
身份证号码</td></tr>
</table>

注：要求完成上述银行汇票结算手续。

原始凭证 11-3

中国工商银行　进账单（收账通知）　③

年 月 日

申请人	全　称		收款人	全　称										
	账　号			账号或地址										
	开户银行			开户银行										
人民币 （大写）					千	百	十	万	千	百	十	元	角	分
票 据 种 类														
票 据 张 数														
单位主管　　会计　　复核　　记账				收款人开户银行盖章										

（竖排文字）收款人开户银行交给收款人的收账通知

注：要求根据汇票填进账单，并作收账通知。

（12）12月12日，缴纳上月税款和社会保险费。

原始凭证 12-1

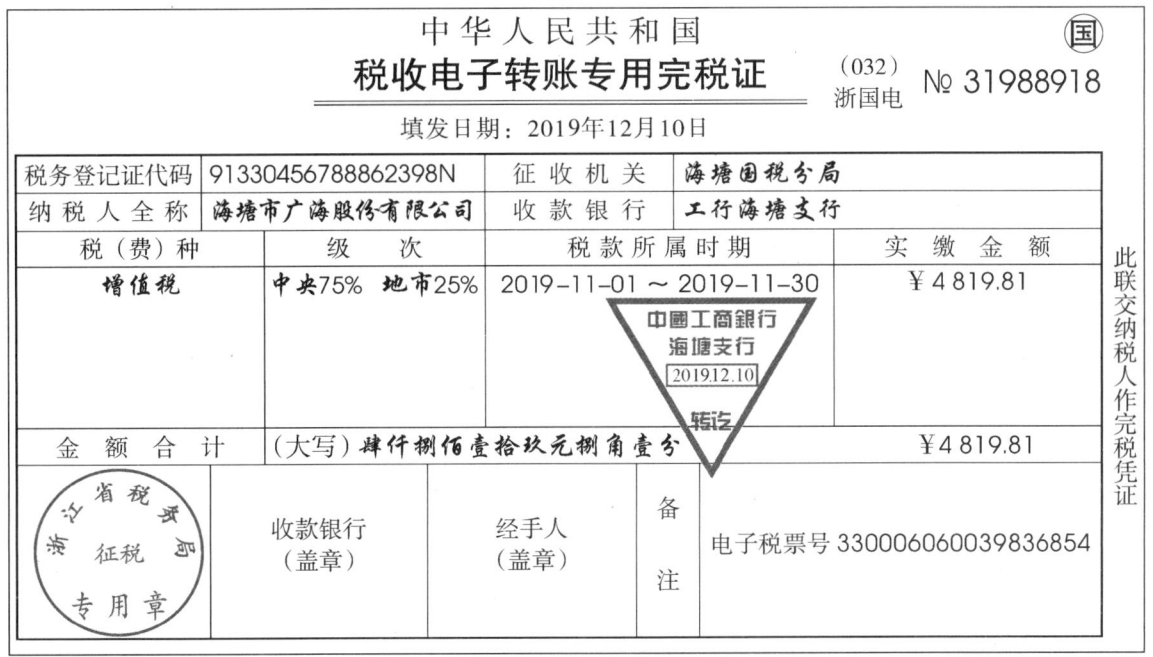

中华人民共和国
税收电子转账专用完税证
（032）浙国电　№ 31988918　国

填发日期：2019年12月10日

税务登记证代码	9133045678886239N	征收机关	海塘国税分局
纳税人全称	海塘市广海股份有限公司	收款银行	工行海塘支行

税（费）种	级　次	税款所属时期	实　缴　金　额
增值税	中央75% 地市25%	2019-11-01 ～ 2019-11-30	￥4 819.81

中国工商银行 海塘支行 2019.12.10 转讫

金　额　合　计	（大写）肆仟捌佰壹拾玖元捌角壹分	￥4 819.81

浙江省税务局 征税 专用章

收款银行（盖章）	经手人（盖章）	备注	电子税票号 330006060039836854

此联交纳税人作完税凭证

原始凭证 12-2

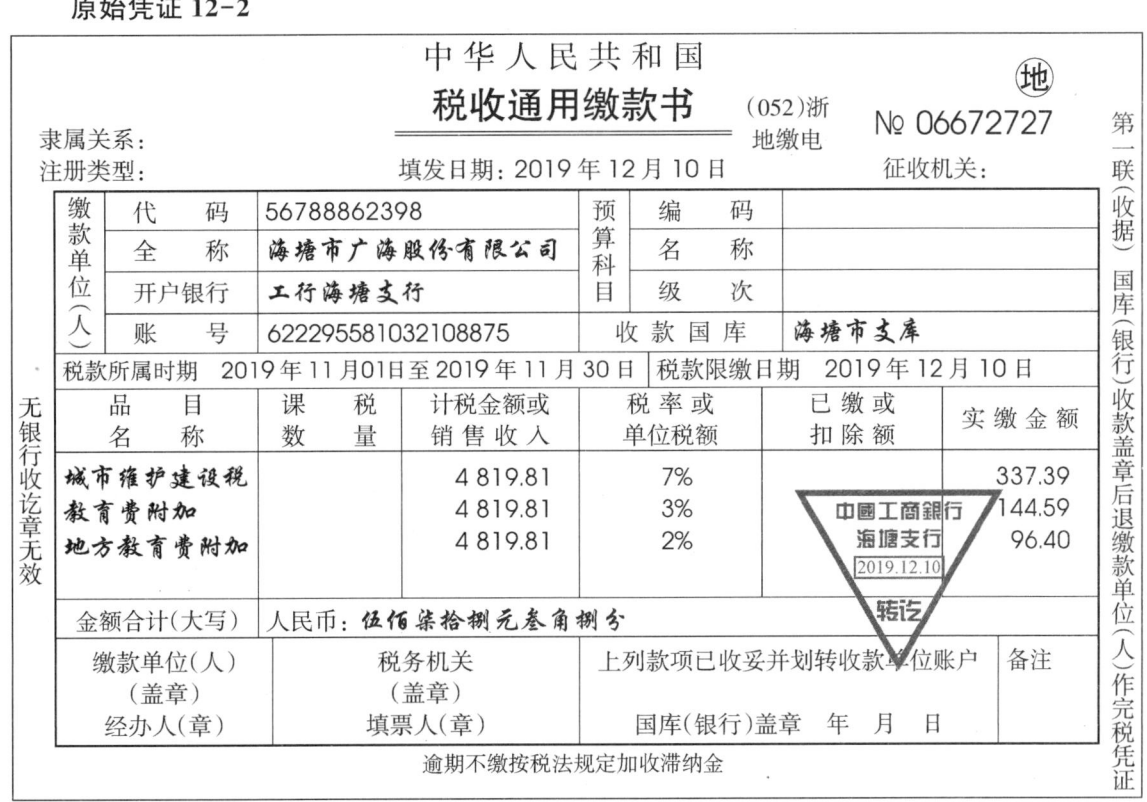

中华人民共和国
税收通用缴款书
（052）浙地缴电　№ 06672727　地

隶属关系：
注册类型：　　　填发日期：2019 年 12 月 10 日　　征收机关：

缴款单位（人）	代　码	56788862398	预算科目	编　码	
	全　称	海塘市广海股份有限公司		名　称	
	开户银行	工行海塘支行		级　次	
	账　号	62229 5581032108875	收款国库	海塘市支库	

税款所属时期　2019 年 11 月 01 日至 2019 年 11 月 30 日	税款限缴日期　2019 年 12 月 10 日

品　目名　称	课税数量	计税金额或销售收入	税率或单位税额	已缴或扣除额	实缴金额
城市维护建设税		4 819.81	7%		337.39
教育费附加		4 819.81	3%		144.59
地方教育费附加		4 819.81	2%		96.40

中国工商银行 海塘支行 2019.12.10 转讫

金额合计（大写）	人民币：伍佰柒拾捌元叁角捌分	

缴款单位（人）（盖章）经办人（章）	税务机关（盖章）填票人（章）	上列款项已收妥并划转收款单位账户 国库（银行）盖章　年　月　日	备注

无银行收讫章无效

逾期不缴按税法规定加收滞纳金

第一联（收据）国库（银行）收款盖章后退缴款单位（人）作完税凭证

原始凭证 12-3

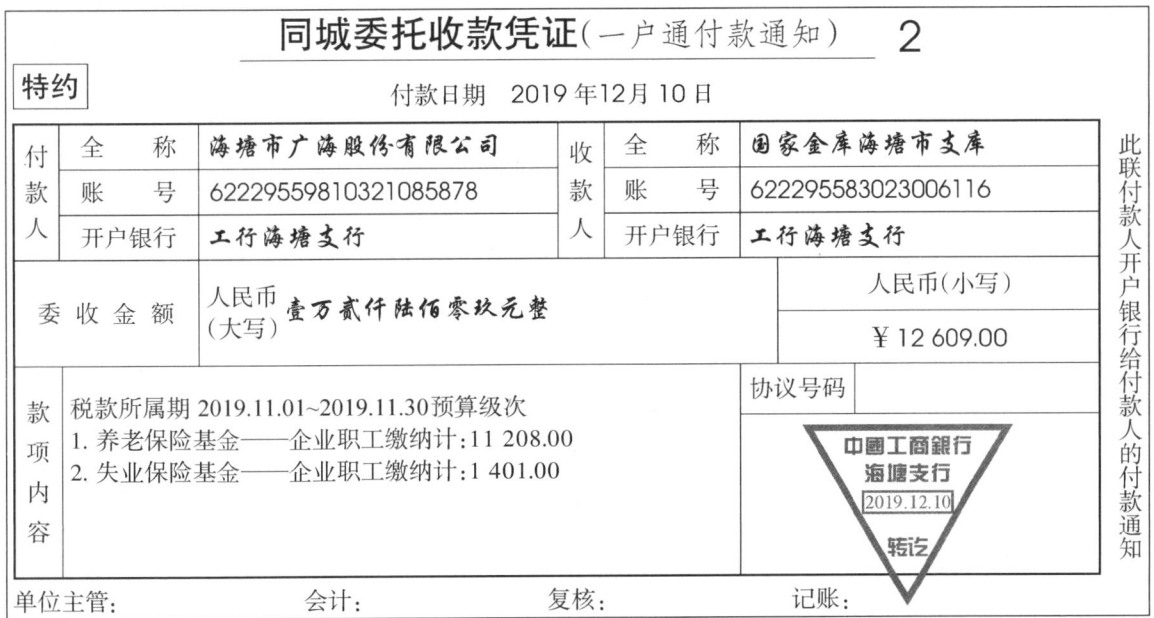

原始凭证 12-4

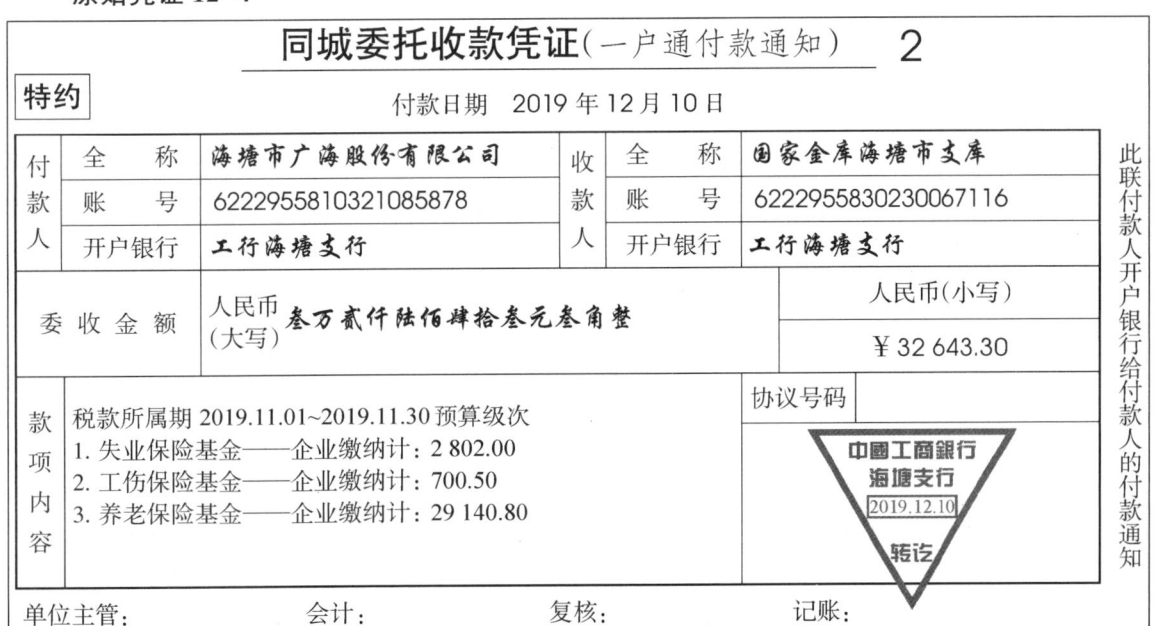

（13）12 月 14 日，销售产品，代垫运费并办妥托收承付手续。

原始凭证 13-1

<table>
<tr><td colspan="2" rowspan="2">3300182140</td><td colspan="4" rowspan="2">浙江增值税专用发票
此联不作报销、抵扣税凭证使用</td><td colspan="3">№ 08429053</td></tr>
<tr><td colspan="3">开票日期：2019 年 12 月 14 日</td></tr>
</table>

校验码 6264534829701326

| 购买方 | 名　称：民安公司
纳税人识别号：9132035679100 5301A
地址、电话：安庆市大丰路 13 号　0556-83456701
开户行及账号：农行安江支行　6228955937291066601 | 密码区 | （略） |

货物或应税劳务、服务名称	规格型号	单位	数量	单 价	金 额	税率	税 额
C01		件	400	45.00	18 000.00	13%	2 340.00
C02		件	400	35.00	14 000.00	13%	1 820.00
合　　计					￥32 000.00		￥4 160.00

| 价税合计（大写） | ⊗ 叁万陆仟壹佰陆拾元整 | （小写）￥36 160.00 |

| 销售方 | 名　称：海塘市广海股份有限公司
纳税人识别号：9133045678886 2398N
地址、电话：海塘市石板街 45 号　0573-85678333
开户行及账号：工行海塘支行　6222955810321085878 | 备注 |

收款人：刘凌　　　复核：　　　开票人：杨帆　　　销售方：（章）

原始凭证 13-2

汽车运费结算单

2019 年 12 月 14 日　　　　　第　　号

发货单位：海塘市广海股份有限公司	备注：发运 C01、C02 产品各 400 件，代垫运费		
收货单位：民安公司	备注：无		
承运单位：第二汽车运输队	车号：3148 号	吨位：5 吨	里程：60 千米
货物件数：80 件	运费：750 元	人民币（大写）：柒佰伍拾元整	

注：运费发票已交购买方。　　　　　　　　　　　　　（有关人员盖章）

原始凭证 13-3

托收承付凭证（回单） 1

电

委托日期 2019 年 12 月 14 日　　　　　托收号码：01236

付款人	全　称	民安公司	收款人	全　称	海塘市广海股份有限公司
	账户或地址	6228955937291066601		账　号	6222955810321085878
	开户银行	农行安江支行		开户银行	工行海塘支行　行号

托收金额	人民币（大写）叁万陆仟玖佰壹拾元整	千	百	十	万	千	百	十	元	角	分
					¥	3	6	9	1	0	0	0

附　件		商品发运情况	合同名称号码
附寄单证张数或册数	2		

备注	款项收妥日期	
电划	年　月　日	中国工商银行海塘支行 2019.12.14 受理通知 收款人开户行盖章 2019年 12月 14日

单位主管：　会计：　复核：　记账：　付款单位开户银行盖章：　年 月 日

此联是收款人开户银行交给收款人的回单

原始凭证 13-4

中国工商银行**转账支票存根** 10203322 03156786 附加信息＿＿＿＿＿ ＿＿＿＿＿＿ ＿＿＿＿＿＿ 出票日期 2019 年 12 月 14 日 收款人：第二汽运队 金　额：¥750.00 用　途：代垫运费 单位主管：　会计： 复　核：　记账：	中国工商银行 **转账支票**　　10203322 03156786

出票日期：贰零壹玖 年 壹拾贰 月 壹拾肆 日

收款人：海塘市第二汽车运输队　　开户行名称：海塘办事处
　　　　　　　　　　　　　　　签发人账号：085878

付款期限自出票之日起十天

人民币（大写）柒佰伍拾元整	千	百	十	万	千	百	十	元	角	分
						¥	7	5	0	0	0

用途 代垫运费

上列款项请从我账户内支付

出票人盖章：　　　　　海塘市广海股份有限公司财务专用章　李晓亮印　　复核：　记账：

（14）12 月 15 日,销售产品,货款未收。

原始凭证 14-1

3300182140			**浙江增值税专用发票**				№ 08429054	

此联不作报销、扣税凭证使用

校验码 0360542917692310　　　　　　　开票日期：2019 年 12 月 15 日

购买方	名　　称：龙江公司 纳税人识别号：91330511786419817E 地 址、电 话：临江市秀南路 115 号　0439-82087431 开户行及账号：工行临南支行　6222955868400335177	密码区	（略）

货物或应税劳务、服务名称	规格型号	单位	数量	单价	金　额	税率	税　额
C01 产品		件	3 500	48.00	168 000.00	13%	21 840.00
C02 产品		件	2 000	36.00	72 000.00	13%	9 360.00
合　　计					¥240 000.00		¥31 200.00

价税合计（大写）	⊗ 貳拾柒万壹仟貳佰元整	（小写）¥271 200.00

销售方	名　　称：海塘市广海股份有限公司 纳税人识别号：91330456788862398N 地 址、电 话：海塘市石板街 45 号　0573-85678333 开户行及账号：工行海塘支行　6222955810321085878	备注

收款人：王珊　　　复核：　　　开票人：高峰　　　销售方:(章)

第一联：记账联　销售方记账凭证

注:发票联、抵扣联已交付龙江公司,产品已发出,货款未收。

（15）12 月 15 日,零星费用报销,用现金支付。

原始凭证 15-1

管理费支出汇总表

单位：总务科　　　　　　　2019 年 12 月 15 日

项　　目	凭证张数	支出金额	核销金额	备　　注
修理费	1	30	30	原始凭证附后（略）
办公费	5	190	190	
差旅费	1	60	60	
合　计	7	280	280	

现金付讫

核销金额（大写）	貳佰捌拾元整

会计：马明明　　　审核：杨青青　　　制表：李兵　　　报销人：邱伟

（16）12 月 15～16 日，购买材料，办妥电汇手续，材料验收入库。

原始凭证 16-1-1

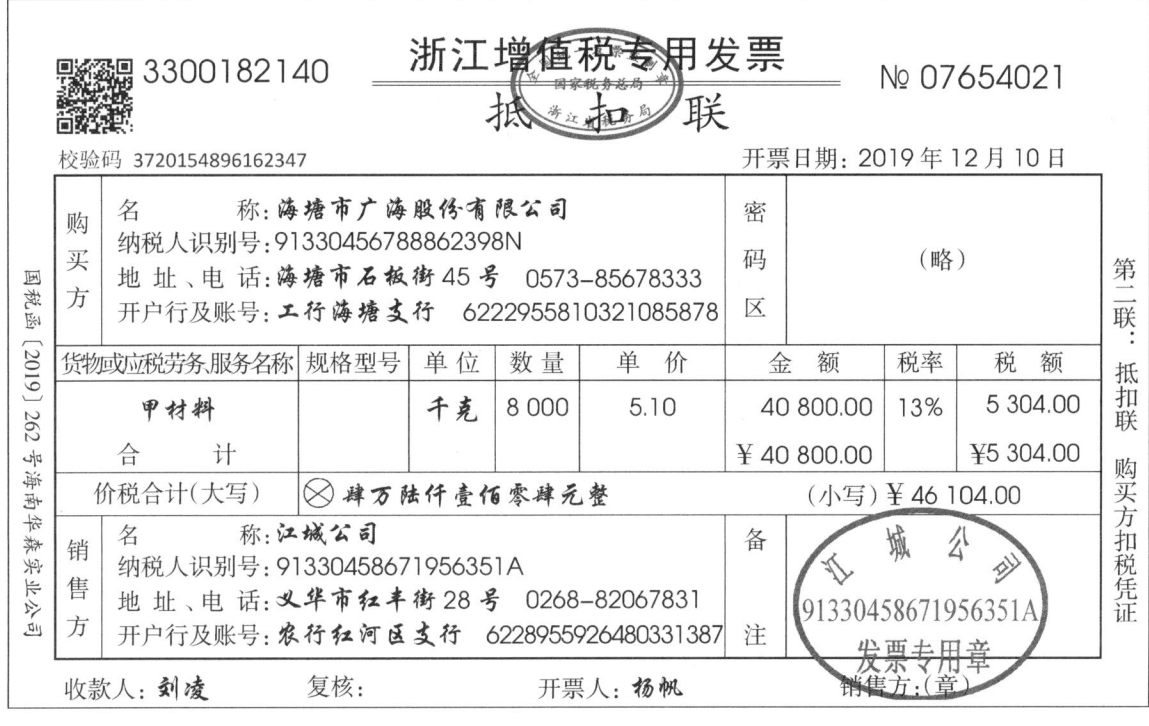

原始凭证 16-1-2

注：收到发票日期为 12 月 15 日，经审核无误，于当天办理电汇手续。

原始凭证 16-2-1

原始凭证 16-2-2

浙江增值税专用发票

发票联

3300182140　　　　　　　　　　№ 02145158

校验码 5414276015892631　　　　开票日期：2019 年 12 月 10 日

| 购买方 | 名　　称：海塘市广海股份有限公司
纳税人识别号：91330511743455364N
地址、电话：海塘市石板街 45 号　0573-85678333
开户行及账号：工行海塘支行　6222955810321085878 | 密码区 | （略） |

货物或应税劳务、服务名称	规格型号	单位	数量	单价	金　额	税率	税　额
运费					1 810.00	9%	162.90
合　　计					￥1 810.00		￥162.90

价税合计（大写）　⊗壹仟玖佰柒拾贰元玖角整　　（小写）￥1 972.90

| 销售方 | 名　　称：杭州义华铁路运输股份有限公司
纳税人识别号：9133011123567 78568
地址、电话：杭州市泰民路 1250 号　0571-20568999
开户行及账号：建行泰民支行　4367622726480005687 | 备注 | 起运地：杭州市
到达地：海塘市
运输货物：甲材料 |

收款人：郭仙丰　　　复核：张琳　　　开票人：唐海洋　　　销售方：（章）

原始凭证 16-3-1

原始凭证 16-3-2

原始凭证 16-4

中国工商银行 电汇凭证（回单） 1

委托日期 2019 年 12 月 15 日   第 号

汇款人	全 称	海塘市广海股份有限公司	收款人	全 称	江城公司
	账号或地址	6222955810321085878		账号或住址	6228955926480331387
	汇出地点	海塘市县 汇出行名称 工行海塘支行		汇出地点	江城市县 汇入行名称 农行红河区支行

金 额	人民币（大写）肆万捌仟贰佰贰拾肆元柒角壹分	千	百	十	万	千	百	十	元	角	分
					¥	4	8	2	2	4	7	1

中国工商银行
海塘支行
2019.12.15
转讫

支付密码

附加信息及用途：货款

汇出行盖章   复核：   记账：

原始凭证 16-5

广海公司材料入库验收单

类 别	原料及主要材料		编 号	8
发票编号				江城公司

验收日期 2019 年 12 月 16 日

品 名	规格	单位	数 量		实 际 价 格			计 划 价	
			来料数	实 数	单 价	总 价	运杂费	合 计	单 价	总 价
甲材料		千克	8 000	8 000	5.10	40 800.00	1 949.44	42 749.44	5.00	40 000.00
合 计										

供销主管：   验收保管：   采购：   制单：

(17) 12 月 17 日，收到货款。

原始凭证 17-1

托收承付凭证（收账通知）

			承 付 期 限
	委托日期　2019 年 12月04日		到期 2019 年 12 月 15 日

付款人	全　　　称	嘉明公司	收款人	全　　　称	海塘市广海股份有限公司
	账户或地址	6228955937146350293		账　　号	6222955810321085878
	开户银行	农行西城区支行		开户银行	工行海塘支行　　行号

托收金额	人民币（大写）	捌万叁仟壹佰陆拾元整	千	百	十	万	千	百	十	元	角	分
					¥	8	3	1	6	0	0	0

附　　件		商 品 发 运 情 况	合 同 名 称 号 码
附寄单证张数或册数	2		

备注	电划	中国工商银行 海塘支行 2019.12.17 转讫 开户行盖章 2019 年 12 月 17 日

收款人开户银行给收款人的收账通知

---

(18) 12 月 17 日，以信汇方式支付前欠货款。

原始凭证 18-1

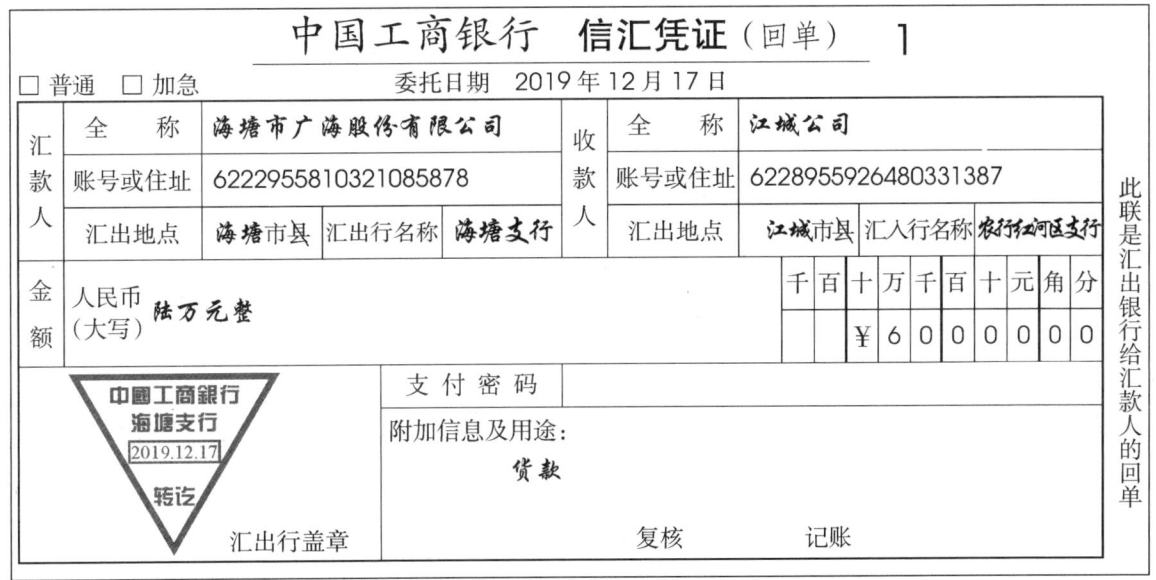

中国工商银行　信汇凭证（回单）　1

			委托日期　2019 年 12 月 17 日
□ 普通　□ 加急			

汇款人	全　　　称	海塘市广海股份有限公司	收款人	全　　　称	江城公司
	账号或住址	6222955810321085878		账号或住址	6228955926480331387
	汇出地点	海塘市县	汇出行名称	海塘支行	汇出地点	江城市县	汇入行名称	农行红河区支行

金额	人民币（大写）	陆万元整	千	百	十	万	千	百	十	元	角	分
						¥	6	0	0	0	0	0

中国工商银行 海塘支行 2019.12.17 转讫	支付密码	
	附加信息及用途： 货款	
汇出行盖章	复核　　　　　记账	

此联是汇出银行给汇款人的回单

（19）12月17日，计提折旧。

原始凭证 19-1

固定资产折旧计算表

2019 年 12 月 17 日
　　　　　　　　　　　　　　　　　金额单位:元

部门 ＼ 月分类折旧率	房屋建筑（0.3%）		机器设备（1%）		其他设备（1.60%）		合　计
	原　值	折旧额	原　值	折旧额	原　值	折旧额	
基本生产车间	303 680		800 910		25 852.30		
机修车间	204 800		147 320				
供汽车间	196 700		210 130		18 640.00		
管理部门	551 960				76 144.59		
集体宿舍	320 000						
合　计	1 577 140		1 158 360		120 636.89		

注：集体宿舍为无偿提供青年职工使用,其中基本生产车间占50%,机修车间占20%,企业管理部门占30%。

（20）12月23日，支付水电费，编制水电费分配表。

原始凭证 20-1

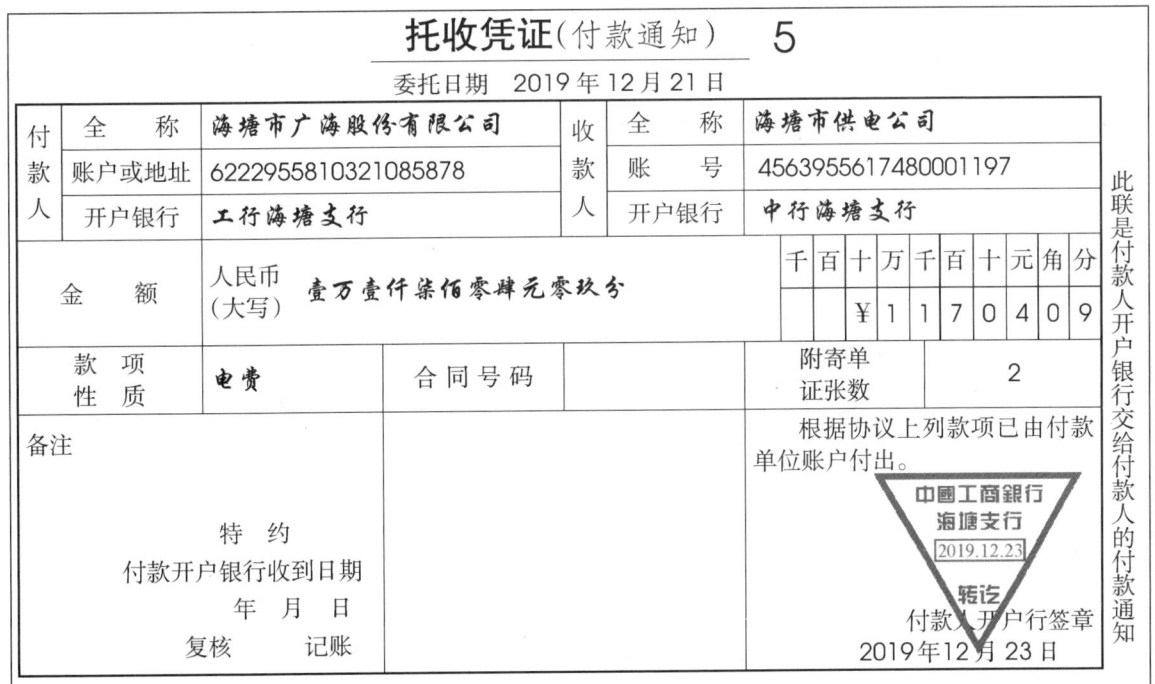

原始凭证 20-2-1

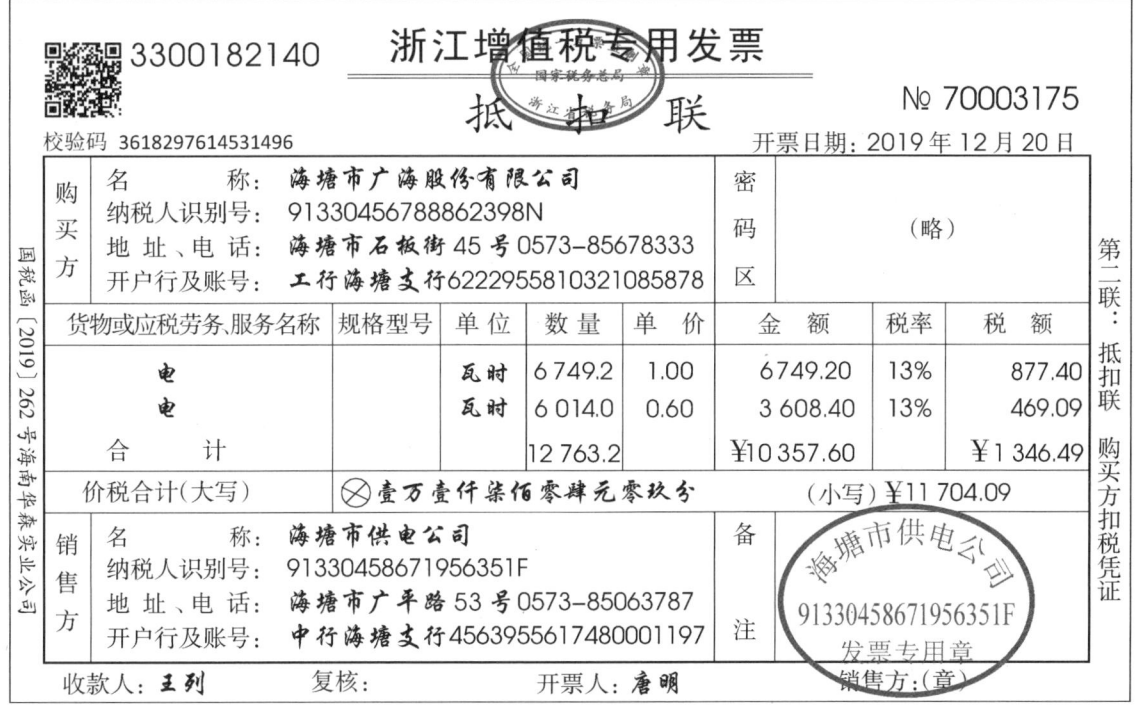

原始凭证 20-2-2

原始凭证 20-3-1

原始凭证 20-3-2

原始凭证20-4

中国工商银行**转账支票**存根
10203322
03156787
附加信息＿＿＿＿＿＿＿
＿＿＿＿＿＿＿＿＿＿
签发日期2019年12月23日

收款人：**市自来水公司**
金　额：￥3 512.17
用　途：**水费**
备　注：

单位主管：　会计：
复　核：　记账：

付款期限自出票之日起十天

中国工商银行 转账支票

10203322
03156787

出票日期：**贰零壹玖**年 **壹拾贰**月 **贰拾叁**日
（大写）

开户行名称：**海塘支行**

收款人：**市自来水公司**　　签发人账号：6222955810321085878

人民币（大写） **叁仟伍佰壹拾贰元壹角柒分**	千	百	十	万	千	百	十	元	角	分
					￥3	5	1	2	1	7

用途 **水费**

上列款项请从
我账户内支付

出票人盖章

密码＿＿＿＿
行号＿＿＿＿

复核：　　记账：

原始凭证20-5

外购动力分配表

2019年12月　　　　　　　　　　　　金额单位：元

产品、部门、项目	生 产 用 电			照 明 用 电			合 计
	单位	用电数量	单价	金 额	用电数量	单 价	金 额	
生产车间	度	4 103.50	1.00	4 103.50	2 748	0.60	1 648.80	
机修车间	度				1 210	0.60	726.00	
供汽车间	度	2 645.7	1.00	2 645.70				
管理部门	度				2 056	0.60	1 233.60	
合　计	度	6 749.2	1.00	6 749.20	6 014	0.60	3 608.40	

注：生产用电按产品生产工时分配。工时参见业务(25)C01和C02产品电费分别为2 393.71元和1 709.79元。

原始凭证 20-6

水 费 分 配 表

2019 年 12 月

金额单位:元

用水部门、项目	单 位	数 量	单 价	金 额
生产车间	m³	340		
机修车间	m³	210		
供汽车间	m³	663		
管理部门	m³	137		
合 计	m³	1 350		

制表: 复核:

(21) 12 月 25 日,应付票据到期,支付票款。

原始凭证 21-1

银行承兑汇票(存根) 3

出票日期
(大写) 貳零壹玖年零陆月壹拾捌日

汇票号码: № 0006783

出票人	全 称	海塘市广海股份有限公司	收款人	全 称	海临有限公司
	账 号	6222955810321085878		账 号	6222955820780133688
	付款行全称	工行海塘支行		开户银行	工行海临支行

汇票金额	人民币(大写) 壹万玖仟元整	千 百 十 万 千 百 十 元 角 分 ¥ 1 9 0 0 0 0 0 0

汇票到期日	貳零壹玖年壹拾貳月壹拾捌日	付款行	行号	6222955802100063021
承兑协议编号	Ny006531		地址	海塘市中山路 21 号

备注:

此联由出票人存查

原始凭证 21-2

托收凭证(付款通知) 5

委托日期 2019 年 12 月 18 日　　付款期限 2019 年 12 月 25 日

业务类型		委托收款(☑邮划、□电划)			托收承付(□邮划、□电划)		

付款人	全 称	海塘市广海股份有限公司	收款人	全 称	海临有限公司
	账 号	6222955810321085878		账 号	6222955820780133688
	地 址	省　市县　开户行 **工行海塘支行**		地 址	省　市县　开户行 **工行海临支行**

金额	人民币(大写)	壹万玖仟柒佰陆拾元整	亿	千	百	十	万	千	百	十	元	角	分
							¥	1	9	7	6	0	0	0

款项内容	票款 19 000 元,利息 760 元	托收凭据名称	银行承兑汇票	附寄单证张数	
商品发运情况		合同名称号码			

备注:

中国工商银行
海塘支行
2019.12.25
付款
通知

付款人注意:
1. 根据支付结算办法,上列委托收款(托收承付)款项在付款期限内未提出拒付,即视为同意付款,以此代付款通知。
2. 如需提出全部或部分拒付,应在规定期限内,将拒付理由书并附债务证明退交开户银行。

付款人开户银行收到日期
2019 年 12 月 25 日
复核:　记账:

付款人开户银行签章
2019 年 12 月 25 日

注:将委托收款(委邮)、委托收款(委电)、托收承付(邮划)、托收承付(电划)凭证进行合并。

(22) 12 月 25 日,出口货物,货款未收。

原始凭证 22-1

浙江省出口货物销售统一发票
ZHEJIANG EXPORT SALES UNIFORM INVOICE

海塘 No 00026662

合同号码:
Contract No MSKDO2568
日期
Date 2019/12/25

退　税　联
TAX REFUND

装箱口岸 From	SHANGHAI 上海	目的地 To	CHICAGO 芝加哥
信用证号数 Letter of Credit No		开户银行 Issued by	

唛号 Marks & Nos.	货名数量 Quantities and Descriptions		单价 Unit Price	总值 Amount
			FOBSHENZHEN USD/SET	USD
C01	1 000	(件)	7.00	7 000.00
C02	500	(件)	5.00	2 500.00
TOTAL:				9 500.00

开票单位: 海塘市广海股份有限公司	开票人: 杨帆

原始凭证 22-2

浙江省出口货物销售统一发票
ZHEJIANG EXPORT SALES UNIFORM INVOICE

海塘 No 00026662

合同号码：
Contract No MSKDO2568
日期
Date 2019/12/25

记 账 联
ACCOUNTING

装箱口岸 From	SHANGHAI 上海	目的地 To　　CHICAGO 芝加哥
信用证号数 Letter of Credit No		开户银行 Issued by

唛号 Marks & Nos.	货名数量 Quantities and Descriptions	单价 Unit Price	总值 Amount
		FOBSHENZHEN USD/SET	USD
	C01　　　　　　　　1 000（件）	7.00	7 000.00
	C02　　　　　　　　500（件）	5.00	2 500.00
	TOTAL:		9 500.00

开票单位：海塘市广海股份有限公司　　　　　开票人：杨帆

注：① 当天汇率1美元兑换6.214 8元人民币，国外客户为DCB公司。货款尚未收到。② 海塘市广海股份有限公司出口产品实行"免、抵、退"，退税率为13%。

（23）12 月 28 日，购入办公用纸，签发支票付款。

原始凭证 23-1

3300182140	浙江增值税专用发票		№ 07654021

抵扣联

校验码 3616562897192468　　　　开票日期：2019 年 12 月 28 日

购买方	名　　　称：海塘市广海股份有限公司 纳税人识别号：91330456788862398N 地址、电话：海塘市石板街45 号　0573-85678333 开户行及账号：工行海塘支行　6222955810321085878	密 码 区	（略）

货物或应税劳务、服务名称	规格型号	单位	数量	单价	金 额	税率	税 额
A4 复印纸 记录本					567.20	13%	73.74
合　　　计					￥567.20		￥73.74

价税合计（大写）	⊗ 陆佰肆拾元玖角肆分	（小写）￥640.94

销售方	名　　　称：海塘市兴代文体用品有限责任公司 纳税人识别号：91330582146484148F 地址、电话：海塘市越秀南路203 号　0573-89262305 开户行及账号：海塘市商业银行营业部　6222951726780110030	备 注	海塘市兴代文体用品有限责任公司 91330582146484148F 发票专用章

收款人：刘凌　　　复核：　　　开票人：杨凤　　　销售方：（章）

原始凭证 23-2

浙江增值税专用发票

发票联

3300182140

№ 07654021

校验码 3616562897192468

开票日期：2019 年 12 月 28 日

购买方	名　　　称：海塘市广海股份有限公司 纳税人识别号：91330456788862398N 地　址、电　话：海塘市石板街45号　0573-85678333 开户行及账号：工行海塘支行　6222955810321085878	密码区	（略）

货物或应税劳务、服务名称	规格型号	单位	数量	单价	金额	税率	税额
A4复印纸 记录本					567.20	13%	73.74
合　　计					￥567.20		￥73.74

价税合计（大写）	⊗ 陆佰肆拾元玖角肆分		（小写）￥640.94

销售方	名　　　称：海塘市兴代文体用品有限责任公司 纳税人识别号：91330582146484148F 地　址、电　话：海塘市越秀南路203号　0573-89262305 开户行及账号：海塘市商业银行营业部　6222951726780110030	备注	海塘市兴代文体用品有限责任公司 91330582146484148F 发票专用章

收款人：刘凌　　　复核：　　　开票人：杨凤　　　销售方：（章）

国税函〔2019〕262号海南华森实业公司

第三联：发票联 购买方记账凭证

附：增值税专用发票销货清单（略）。

原始凭证 23-3

中国工商银行转账支票存根 10203322 03156788 附加信息＿＿＿＿＿＿＿ ＿＿＿＿＿＿＿＿＿＿ 出票日期　年月日 收款人： 金　额： 用　途： 备　注： 单位主管：　　会计： 复　核：　　记账：	付款期限自出票之日起十天	中国工商银行 转账支票 10203322 03156788 出票日期：　　年　　月　　日 开户行名称：海塘支行 签发人账号：6222955810321085878 收款人： 人民币 （大写） 千百十万千百十元角分 用途＿＿＿＿ 密码＿＿＿＿ 上列款项请从 行号＿＿＿＿ 我账户内支付 出票人盖章　　　　复核：　　记账：

原始凭证 23-4

办公用品发放表

2019 年 12 月 28 日

单位:元

项　　目	厂　部	生产车间	机修车间	供汽车间	合　计
领用金额	203.58	210.17	120.04	33.41	567.20
领用人签名	李云英	王凯丰	江边	何卫	

(24) 12 月 31 日,计算本月应付工资和实发工资,并填写工资结算汇总表,签发工资支付专用凭证,发放工资。

原始凭证 24-1

工资支付专用凭证 （第三联 单位留底）

账号 85878   2019 年 12 月 31 日

收款单位 (或收款人)名称	海塘市广海股份有限公司	开户 银行	海塘支行									

支付 金额	人民币(大写)		百	十	万	千	百	十	元	角	分
		¥									

工资所属月份　本次职工人数
1. 标准工资(基本工资)　元
2. 附加工资　元
3. 粮食补助　元
4. 副食品价格补贴　元
5. 奖金　元
6. 国家规定的津贴　元
7. 本次领取的计划内临时工人　元

备注　当即发放工资

注:附职工工资明细表(略)。

原始凭证 24-2

工资结算汇总表

2019 年 12 月　　　　　　单位:元

车间、部门类型		职工 人数	标准 工资	应扣 工资	应发奖 金及津贴	应付 工资	代 扣 款 项					实发 金额
							职工养老 保险费	失业 保险费	个人 所得税	医疗 保险费	合 计	
基本 生产 车间	生产工人	65	150 250.00	210	130 330		2 2430	2 803	120	5 696		
	管理人员	5	16 700.00		8 800		2 040	255	80	510		
	合　计	70										
工程人员		4	14 200.00		6 200		1 632	204		408		
机修车间		8	21 380.00		18 240		3 170	396	80	792		
供汽车间		4	8 886.00		7 327		1 297	162	50	324		
企业管理部门		10	30 469.00	160	25 143		4 449	556	330	1122		
总　　计		96										

注:① 完成上表的应付工资、实发工资的计算。② 签发工资支付专用凭证,由工行信用卡部转入职工工资卡。

（25）12月31日，计提和发放职工福利费，编制工资费用分配汇总表。

原始凭证 25-1

车间产品耗用工时报告表

2019 年 12 月

车　间	产　品	生产耗用工时(小时)	备　注
基本生产车间	C01 产品 C02 产品	15 120 10 800	
	合　计	25 920	

原始凭证 25-2

职工福利费的计提及分配汇总表

2019 年 12 月　　　　　　　　　　　　　　　　单位：元

产品、车间和部门	人　数	人　均	应计提福利费金额
C01 产品	35	200	7 000
C02 产品	30	200	6 000
基本生产车间管理人员	5	200	1 000
在建工程	4	200	800
机修车间	8	200	1 600
供汽车间	4	200	800
企业管理部门	10	200	2 000
合　　计	96		19 200

审批：张峰　　　　　　复核：杨玲　　　制表：陈美英

注：① 当天签发转账支票购买节日福利券(发票略)。②发放福利券明细表（略）。

原始凭证 25-3

中国工商银行**转账支票存根**

10203322

03156789

附加信息 _____

_____

_____

出票日期 2019 年 12 月 31 日

收款人	海塘市粮油食品有限责任公司
金 额	￥19 200.00
用 途	节日福利券
备 注	

单位主管: 会计:
复 核: 记账:

原始凭证 25-4

工资费用分配汇总表

2019 年 12 月   金额单位:元

产品、车间和部门	生产耗用工时(小时)	分 配 率	应分配金额
C01 产品生产工人	15 120		
C02 产品生产工人	10 800		
基本生产车间管理人员			
在建工程人员			
机修车间			
供汽车间			
企业管理部门			
合　　计	25 920		

（26）12 月 31 日，填写工会经费计算表，并签发支票拨付工会经费。
原始凭证 26-1

工会经费计算表

2019 年 12 月 31 日　　　　　　　　　　　　　金额单位:元

部　　门	工 资 总 额	提 取 率	应提工会经费额
		2%	

注：① 当天将计提的工会经费签发转账支票交广海股份有限公司工会委员会。② 该工会委员会会计收到转账支票后开具海塘市工会经费专用收据。

原始凭证 26-2

中国工商银行**转账支票存根**

10203322
03156790

附加信息＿＿＿＿＿＿＿＿

＿＿＿＿＿＿＿＿＿＿＿＿＿

＿＿＿＿＿＿＿＿＿＿＿＿＿

出票日期　年　月　日

收款人：

金　额：

用　途：

单位主管：　会计：

复　核：　记账：

付款期限自出票之日起十天

中国工商银行 **转账支票**

10203322
03156790

出票日期：　　　年　　　月　　　日

开户行名称：*海塘支行*

收款人：　　　签发人账号：6222955810321085878

人民币（大写）	千	百	十	万	千	百	十	元	角	分

用途＿＿＿＿＿＿＿

上列款项请从
我账户内支付

出票人盖章

密码＿＿＿＿＿

行号＿＿＿＿＿

复核：　　　记账：

原始凭证 26-3

海塘市工会经费专用收据

№ 0095316

交款单位：

年　月　日

第二联：收执联　交款单位记账凭证

摘　　要	金　　额								备　　注
	十	万	千	百	十	元	角	分	

人民币（大写）　　拾　万　仟　佰　拾　元　角　分

收款人：　　　　　复核：　　　　　填制人：

注：工会会计填制上述收据。

（27）12 月 31 日，支付电信通信费。

原始凭证 27-1

3300182140

浙江增值税专用发票

№ 03845027

抵扣联

校验码 3698247335152917　　　　　开票日期：2019 年 12 月 29 日

购买方	名　　　　称：海塘市广海股份有限公司 纳税人识别号：91330456788862398N 地址、电话：海塘市石板街45号　0573-85678333 开户行及账号：工行海塘支行　6222955810321085878	密码区	（略）

货物或应税劳务、服务名称	规格型号	单位	数量	单价	金　额	税率	税　额
基础电信服务					1 755.00	9%	157.95
合　　计					￥1 755.00		￥157.95

价税合计（大写）　⊗壹仟玖佰壹拾贰元玖角伍分　　　　（小写）￥1 912.95

销售方	名　　　　称：中国电信股份有限公司海塘分公司 纳税人识别号：91330402646484142E 地址、电话：海塘市中山东路28号　0573-82623068 开户行及账号：海塘市商业银行营业部 6222951736980263717	备注	中国电信股份有限公司海塘分公司 91330402646484142E 发票专用章

收款人：　　　复核：王台芬　　　开票人：王台芬　　　　销售方：（章）

国税函〔2019〕262 号海南华泰实业公司

第二联：抵扣联　购买方扣税凭证

原始凭证 27-2

原始凭证 27-3

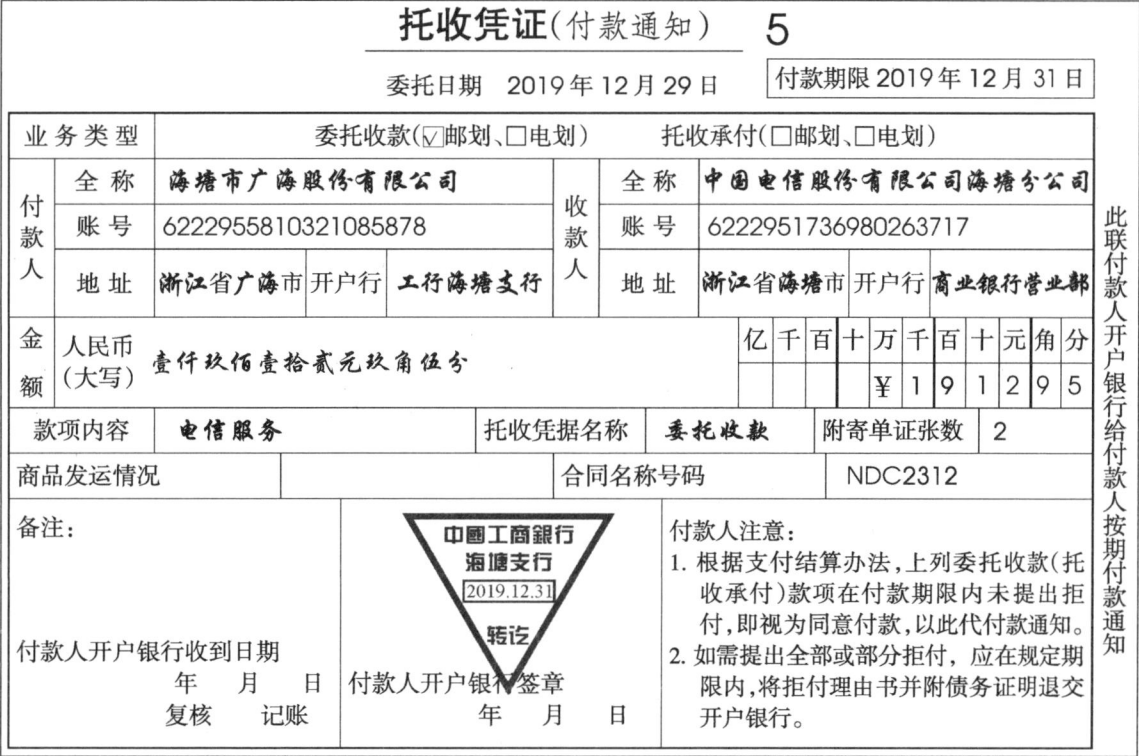

注：将委托收款(委邮)、委托收款(委电)、托收承付(邮划)、托收承付(电划)凭证进行合并。

(28) 12 月 31 日,销售产品,收到银行承兑汇票和现金。

原始凭证 28-1

3300182140　　浙江增值税专用发票　　№ 08429055

此联不作报销抵扣税凭证使用

校验码 6810291654751698　　　　　　　　　　开票日期: 2019 年 12 月 31 日

购买方	名　　　称: 龙江公司 纳税人识别号: 9133051178641 9817E 地址、电话: 临江市秀南路 115 号　0439-82087431 开户行及账号: 工行临南支行　6222955868400335177	密码区	(略)

货物或应税劳务、服务名称	规格型号	单位	数量	单价	金　额	税率	税　额
C01		件	700	46.00	32 200.00	13%	4 186.00
C02		件	700	35.00	24 500.00	13%	3 185.00
合　　计					¥ 56 700.00		¥ 7 371.00

价税合计(大写)	⊗陆万肆仟零柒拾壹元整	(小写) ¥ 64 071.00

销售方	名　　　称: 海塘市广海股份有限公司 纳税人识别号: 9133051178641 9817E 地址、电话: 海塘市石板街 45 号　0573-85678333 开户行及账号: 工行海塘支行　6222955810321085878	备注	

收款人: 王珊　　　复核:　　　开票人: 高峰　　　销售方:(章)

第一联: 记账联　销售方记账凭证

国税函〔2019〕262 号海南华森实业公司

原始凭证 28-2-1

银行承兑汇票　　2

出票日期 贰零壹玖年零捌月零贰拾日　　　汇票号码: 99003121

出票人	全　称	大昌公司	收款人	全　称	龙江公司
	账　号	6228955914386368567		账　号	6222955868400335177
	付款行全称	农行山城办事处		开户银行	工行临南支行

汇票金额	人民币(大写) 陆万叁仟柒佰柒拾肆元整	千 百 十 万 千 百 十 元 角 分 ¥ 6 3 7 7 4 0 0

汇票到期日	贰零贰零年零壹月零贰拾日	付款行	行号	0753
本汇票请你行承兑,到期无条件付款。	承兑协议编号　3785		地址	平阳市中山路 117 号

出票人签章 2019 年 08 月 20 日 [大昌公司财务专用章]	本汇票经本行承兑,到期日由本行付款 承兑银行(签章) 2019 年 08 月 20 日	[中国农业银行山城办事处业务章]

原始凭证 28-2-2

银行承兑汇票（背面）

被背书人：海塘市广海股份有限公司	被背书人	被背书人
本公司将本汇票金额转让给广海股份有限公司用于支付货款 背书人签章：龙江公司 2019年12月30日 专司龙 用财江 章务公 背书人签章： 年 月 日		背书人签章： 年 月 日

原始凭证 28-3

浙江省统一收款收据
记 账 联

收据代码:233000800213

开票日期:2019 年 12 月 31 日

收据号码:13568742

浙地税印 0801279×08.05×5000 本×25 份×3 联
浙江圣地票证印刷中心承印

缴款单位或个人	龙江公司			
款项内容	贷款	收款方式	现金	
人民币大写	贰佰玖拾柒元整		￥297.00	
收款单位盖章		收款人签章	李凌风	备注

第三联：记账联

(29) 12 月 31 日,收到退回的包装物押金。

原始凭证 29-1

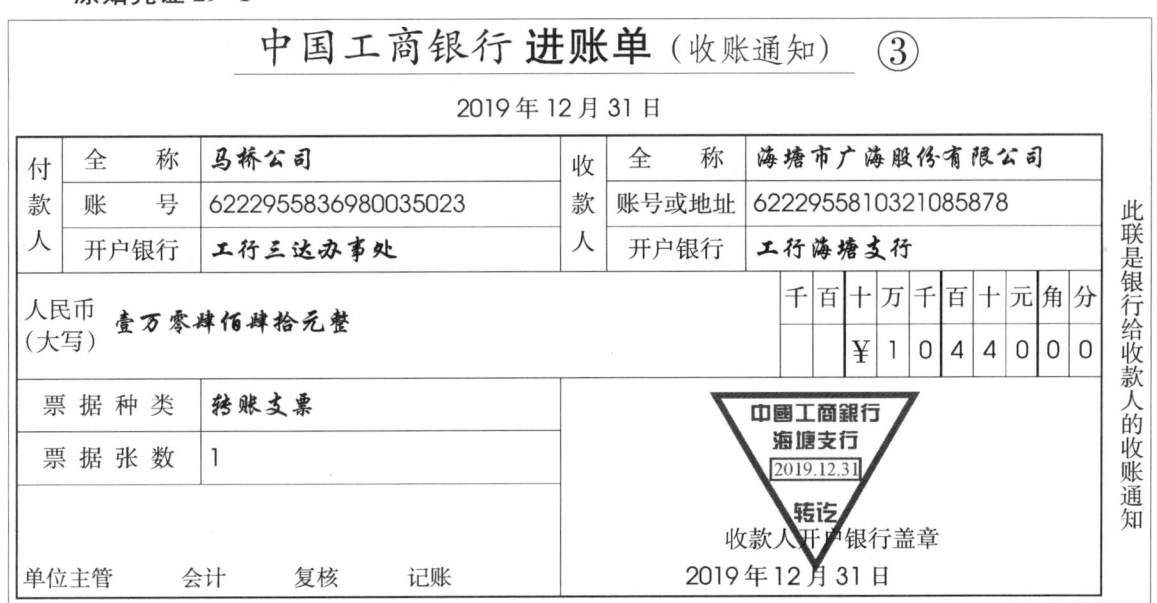

原始凭证 29-2

收　条

海塘市广海股份有限公司退回包装物如数收到，质量完好。
请如数退还押金。

业务章

马桥公司销售部（章）　王斌
2019年12月28日

（30）12月31日，发生应收账款坏账。

原始凭证 30-1

坏账处理报告单

2019年12月22日

单 位 名 称	金 额	原 因
山江公司	￥5 000.00	该公司已破产，已取得相关证据，确实无法收回

单位领导意见 同意核销	注册会计师认定： 属实 2019年12月31日	董事会意见 同意 2019年12月31日

(31) 12 月 31 日，编制发料凭证分配汇总表和材料成本差异计算表。

原始凭证 31-1

发料凭证分配汇总表

2019 年 12 月

数量单位：件

金额单位：元

总账科目	明细科目	甲材料		乙材料		丙材料		计划成本金额合计	负担材料成本差异	实际成本合计
		数量	金额	数量	金额	数量	金额			
生产成本——基本生产成本	C01	15 600		4 200						
	C02	5 600		1 650		960				
生产成本——辅助生产成本	机修车间	1 010		200		200				
	供汽车间	300		—		8 800				
制造费用——基本生产车间	机物料消耗	—		—		1 800				
管理费用	修理费	—		—		220				
其他业务成本	材料销售	6 000								
合　计		28 510		6 050		11 980				

制表：　　　　　　　　　　复核：

原始凭证 31-2

材料成本差异计算表

2019 年 12 月

金额单位：元

项目	计划成本			材料成本差异			材料成本差异率
	期初	本期收入	合计	期初	本期收入	合计	

（32）12月31日，销售产品，上月预收部分货款，不足部分收存银行。

原始凭证32-1

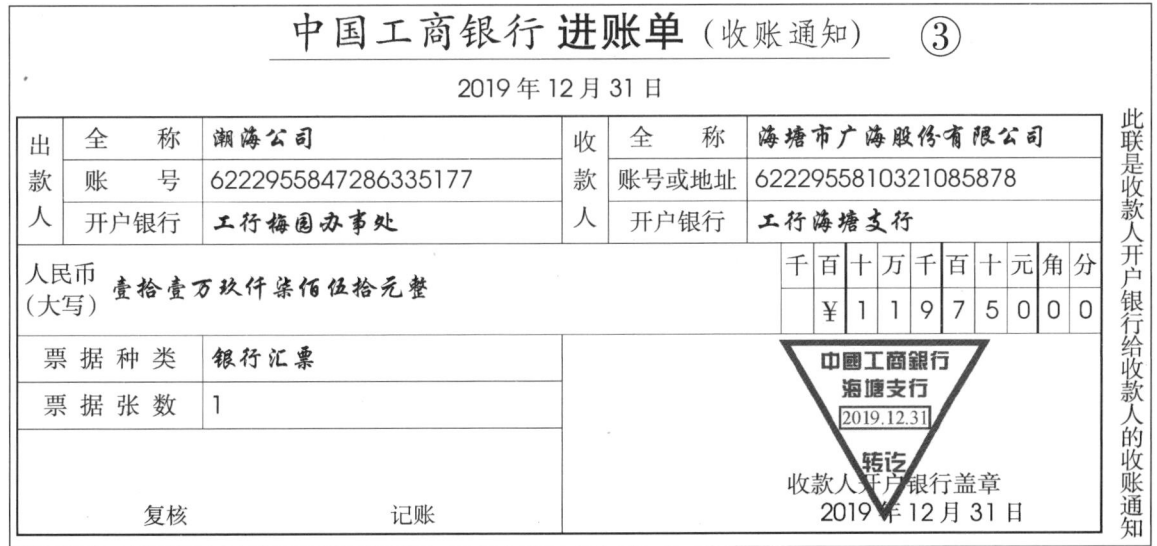

3300182140　**浙江增值税专用发票**　№08429055

此联不作报销、扣税凭证使用

开票日期：2019 年 12 月 31 日

购买方	名　称：	潮海公司					密码区		（略）		
	纳税人识别号：	91330411768567343N									
	地址、电话：	海塘市滨江路 270 号　0573-85670688									
	开户行及账号：	工行梅园办事处　6222955847286335177									

货物或应税劳务、服务名称	规格型号	单位	数量	单价	金　额	税率	税　额
C01 产品		件	2 500	46.00	115 000.00	13%	14 950.00
合　　计					￥115 000.00		￥14 950.00

价税合计（大写）	⊗ 壹拾贰万玖仟玖佰伍拾元整	（小写）￥129 950.00

销售方	名　称：	海塘市广海股份有限公司	备注
	纳税人识别号：	91330456788862398N	
	地址、电话：	海塘市石板街 45 号　0573-85678333	
	开户行及账号：	工行海塘支行　6222955810321085878	

收款人：李凌风　　复核：　　开票人：高峰　　销售方：（章）

第一联：记账联　销售方记账凭证

国税函〔2019〕262 号海南华森实业公司

注：11月份预收货款 10 200 元。

原始凭证32-2

中国工商银行 进账单（收账通知）③

2019 年 12 月 31 日

出款人	全　称	潮海公司	收款人	全　称	海塘市广海股份有限公司
	账　号	6222955847286335177		账号或地址	6222955810321085878
	开户银行	工行梅园办事处		开户银行	工行海塘支行

人民币（大写）	壹拾壹万玖仟柒佰伍拾元整	千	百	十	万	千	百	十	元	角	分
			￥1	1	9	7	5	0	0	0

票据种类	银行汇票
票据张数	1

中国工商银行
海塘支行
2019.12.31
转讫

收款人开户银行盖章
2019 年 12 月 31 日

复核　　　　记账

此联是收款人开户银行给收款人的收账通知

（33）12 月 31 日，结算厂房建筑工程款，款项未付。

原始凭证 33-1

（34）12 月 31 日，无形资产摊销。

原始凭证 34-1

无形资产摊销计算表

2019 年 12 月 31 日

摊 销 项 目	本 月 摊 销 额	应 分 配 部 门
无形资产——专利权	2 600.00	管理部门

制表：陈美英

（35）12 月 31 日，根据 12 月份有关资料，本月取得增值税专用发票已完成认证工作，填列增值税纳税申报表（主表），附表略，并根据相关规定计算应交城市维护建设税和教育费附加。根据核定的缴纳社会保险费的工资总额计算应交社会保险费。

原始凭证 35-1

城市维护建设税、教育费附加计算表

2019 年 12 月

税（费）种	计 征 依 据	税（费）率	应 交 金 额
城市维护建设税			
教育费附加			
地方教育费附加			
合　计	—	—	

原始凭证 35-2

企业缴纳社会保险费计提表

2019 年 12 月

项目	基数	基本养老保险费（费率 14%）	失业保险费（费率 2%）	工伤保险费（费率 0.5%）	基本医疗保险费（费率 7.8%）
C01 产品生产工人					
C02 产品生产工人					
基本生产车间管理人员					
在建工程人员					
机修车间人员					
供汽车间人员					
企业管理人员					
合　计					

注：按规定企业缴纳的基本养老保险费、失业保险费、工伤保险费、生育保险费、基本医疗保险费的月缴费基数为核定的企业工资总额（单位缴费基数为单位上月的全部职工工资总额，其中职工上月工资总额高于上年全省职工月平均工资 300% 以上部分，不计入单位缴费基数，低于上年全省职工月平均工资 60% 的，按照 60% 计入单位缴费基数），为简化计算，本实验以当月应付工资总额作为缴费基数。

（36）12 月 31 日,辅助生产费用分配。

原始凭证 36-1

辅 助 生 产 情 况

2019 年 12 月 31 日

产品、部门项目	机修车间服务理（工时）	供汽车间供气量（m²）
C01 产品	1 920	6 750
C02 产品	1 480	5 250
基本生产车间	400	1 500
修理车间	—	2 000
供汽车间	300	—
管理部门	200	1 500
合　计	4 300	17 000

原始凭证 36-2

辅助生产费用分配表（直接分配法）

2019 年 12 月 31 日　　　　金额单位:元

受益产品、部门	机 修 车 间			供 汽 车 间		
	劳务数量（工时）	单位成本	应分配金额	劳务数量（m³）	单位成本	应分配金额
C01 产品						
C02 产品						
基本生产车间						
修理车间						
供汽车间						
管理部门						
合　计						

（37）12 月 31 日,制造费用分配。

原始凭证 37-1

基本生产车间制造费用分配表

2019 年 12 月 31 日　　　　金额单位:元

产　品	生 产 工 时（小时）	分 配 率	应分配金额
C01 产品	15 120		
C02 产品	10 800		
合　计	25 920		

（38）12 月 31 日，支付本季度长期借款利息，同日收到本季度存款利息。

原始凭证 38-1

中国工商银行
贷款利息通知单（第三联 代支款通知）　　№ 02701506

| 贷款账户户名：海塘市广海股份有限公司 | 账号：6222955810321085878 |

利息计算时间：2019 年 11 月 01 日 起
　　　　　　　2019 年 12 月 31 日 止

左列贷款利息已从你单位账号账户付出。

计算积数共计：¥ 91 500 000.00　　年利率：7.3%

利息金额（大写）壹万捌仟贰佰伍拾元整

附：贷款合同 DA00543　　¥ 18 250.00

中国工商银行
海塘支行
2019.12.31
转讫
开户银行盖章
2019 年 12 月 31 日

会计 8 号　　事后监督 9 号　　复核 9 号　　制单 10 号

原始凭证 38-2

3300182140　　浙江增值税普通发票　　№ 02634022

发票联

开票日期：2019 年 12 月 28 日

| 购买方 | 名　　称：海塘市广海股份有限公司
纳税人识别号：91330456788862398N
地址、电话：海塘市石板街 45 号　0573-85678333
开户行及账号：工行海塘支行　6222955810321085878 | 密码区 | （略） |

货物或应税劳务、服务名称	规格型号	单位	数量	单价	金额	税率	税额
*金融服务*贷款服务					17 216.98	6%	1 033.02
合　计					¥17 216.98		¥1 033.02

| 价税合计（大写）　⊗壹万捌仟贰佰伍拾元整 | （小写）¥ 18 250.00 |

| 销售方 | 名　　称：中国工商银行股份有限公司海塘支行
纳税人识别号：913305018727151262
地址、电话：海塘市越中山路103号　0573-82062305
开户行及账号：工行海塘支行　6222955837011003022 | 备注 | 中国工商银行股份有限公司海塘支行
913305018727151262
发票专用章 |

收款人：刘嘉　　复核：张莆　　开票人：唐国芳　　销售方：（章）

国税函〔2019〕262 号海南华森实业公司

第三联：发票联　购买方记账凭证

原始凭证 38-3

内 部 转 账 单

2019 年 12 月 31 日

子 目 或 户 名	摘　　要	金　额（元）
利　息	冲预提利息	9 000
合　　计		9 000

会计：　　　　记账：　　　　复核：　　　　　　制单：陈美英

注：该借款用于厂房建筑工程(资本化)。

原始凭证 38-4

中国工商银行
存款利息入账通知单 （第三联 代收款通知）　№ 028631

贷款账户户名：**海塘市广海股份有限公司**	账号：6222955810321085878
利息计算时间：20 ⎰19 年 10 月 01 日 起 ⎱19 年 12 月 31 日 止	左列存款利息已入你单位存款账户。
计算积数共计：￥10 625 000.00	年利率：0.72%
利息金额(大写)**贰佰壹拾贰元伍角整**	
附：　　　　　　　　　　　　￥212.50	
会计 8 号　事后监督 9 号　复核 9 号　制单 10 号	开户银行盖章 2019 年 12 月 31 日

中国工商银行
海塘支行
2019.12.31
转讫

（39）12 月 31 日，计算完工产品成本，并编制产品成本计算表。
原始凭证 39-1

生产情况报告表

编报单位：**基本生产车间**　　　　2019 年 12 月 31 日

产品名称	单 位	月初在产品	本月投产	本月完工入库	不合格废品	月末在产品	在产品完工程度
C01 产品	件	1 200	12 000	11 500		1 700	50%
C02 产品	件	1 250	5 750	5 750		1 250	

原始凭证 39-2

C02 在产品定额成本单

2019 年 12 月 31 日

成 本 项 目	单位定额成本(元)	备 注
直接材料	6.50	
直接人工	5.67	
制造费用	2.00	
合 计	14.17	

注：C02 产品在产品按定额单位成本计算。

原始凭证 39-3

产品入库汇总表

编报单位：**成品仓库**　　　　2019 年 12 月

编 号	品 名	规 格	单 位	数 量	备 注
	C01 产品		件	11 500	
	C02 产品		件	5 750	

主管：　　　　　　　　记账：　　　　　　　　保管：**刘奇**

原始凭证 39-4

生产成本计算表

完工产品：**件**

产品名称：C01 **产品**　　　　2019 年 12 月　　　在产品：**件**　完工程度：

摘　要	主　要　项　目			合　计
	直 接 材 料	直 接 人 工	制 造 费 用	
月初在产品成本				

原始凭证 39-5

生产成本计算表

完工产品：**件**

产品名称：C02 **产品**　　　　2019 年 12 月　　　在产品：**件**　完工程度：

摘　要	主　要　项　目			合　计
	直 接 材 料	直 接 人 工	制 造 费 用	
月初在产品成本				

注：根据"生产成本"明细账编制生产成本计算表，计算完工产品和在产品成本，然后将完工产品成本进行结转，原材料为一次性投料。

（40）12月31日，计算销售产品成本，并编制产品销售成本计算汇总表。

原始凭证 40-1

产品销售成本计算汇总表

2019年12月

数量单位:件
金额单位:元

项　目	C01　产　品		C02　产　品		
	数　量	金　额	数　量	金　额	
月初结存					
本月入库					
加权平均单位成本					
本月销售产品总成本					

复核:　　　　　　　　　　　　　　　　　　　制表:

注:发出产品加权平均单位成本,保留小数点后两位,第3位四舍五入。

（41）12月31日，计提坏账准备。

原始凭证 41-1

坏账准备计提表

提取率5%　　　　　　　　　2019年12月31日

项　目	应 收 账 款	坏 账 准 备
期初结存金额		
年末结存及提取数		
加(减)计提前余额	—	
本期应补提(冲回)坏账准备	—	

主管:　　　　　　　　复核:　　　　　　　　制表:

注:除应收账款外其余的应收款项不存在减值迹象。假设计提坏账准备时的计提基数为期末外汇汇率调整前应收账款余额。

（42）12 月 31 日，收到现金股利。

原始凭证 42-1

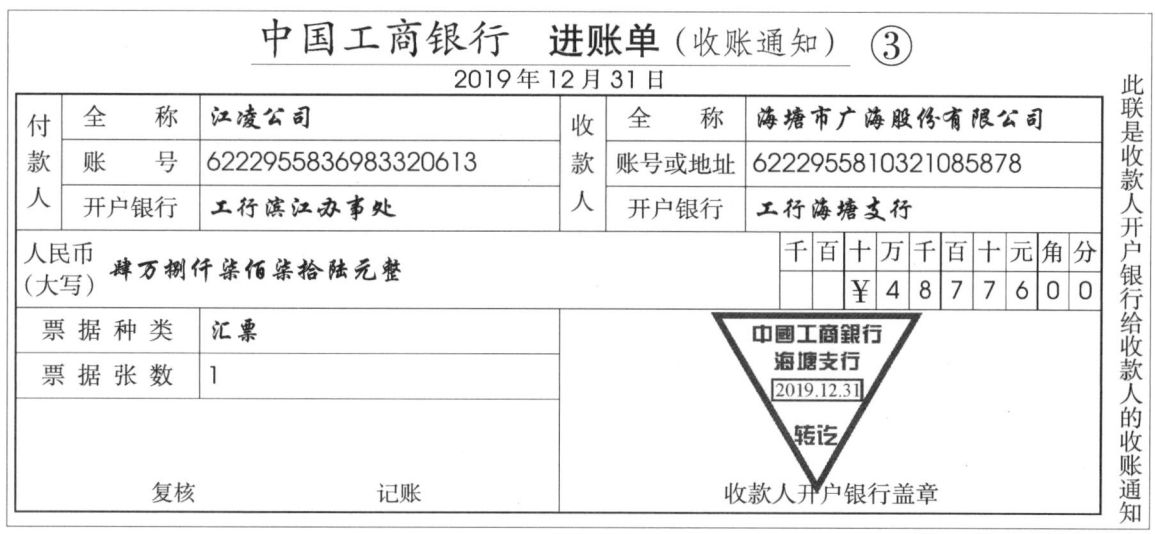

注：江凌公司所得税税率为 25%。

（43）12 月 31 日，计提和发放职工困难补助。

原始凭证 43-1

注：同时列支管理费用、应付职工薪酬。

（44）12 月 31 日，计算股票、债券金融资产公允价值变动金额和计提存货、固定资产减值准备。

原始凭证 44-1

股票、债券市场价格表

2019 年 12 月 31 日

名　　　称	市场价格(元)/股(张)	备　　　　　注
1. 歌华有线股票	31.44	12 月 31 日证券市场收盘价
2. 中海发展股票	37.02	12 月 31 日证券市场收盘价
3. 山凌公司债券	100.00	12 月 31 日证券市场收盘价测算，不含利息

注：确认公允价值变动及山凌公司债券(11 月和 12 月)投资收益。

原始凭证 44-2

股票、债券金融资产公允价值变动计算表

2019 年 12 月 31 日　　　　　　　　单位:元

名　　　称	调整前账面价值		期末公允价值	公允价值增(＋)减(－)变动
	成　　本	公允价值变动		
合　　计				

原始凭证 44-3

存货、固定资产减值准备计提表

2019 年 12 月 31 日　　　　　　　　单位:元

项　　　目	本 期 计 提 数	备　　注
1. 存货	12 000.00	具体计算过程见附表(略)
2. 固定资产	9 800.00	
合　　计	21 800.00	

| 单位领导:张丰亮 | 财务负责人:杨青青 | 制表人:马明明 |

注:期末财产清查未发生盘盈、盘亏,银行存款未发生未达账项。

(45)12 月 31 日,计算并结转汇总损益(人民币兑换美元的汇率为 1 美元兑换 6.30 元人民币)。

原始凭证 45-1

汇兑损益计算表

2019 年 12 月 31 日

项　目	调整前账户余额		月末汇率	调整后记账本位币金额(人民币)	汇兑损益
	外币账户金额(美元)	记账本位币金额(人民币)			

（46）12月31日，结转本月损益类账户发生额。

原始凭证 46-1

内 部 转 账 单

转账日期 2019 年 12 月 31 日

摘　要	转 账 项 目	金　额
结转到"本年利润"账户	主营业务收入	
结转到"本年利润"账户	营业外收入	
结转到"本年利润"账户	其他业务收入	
结转到"本年利润"账户	投资收益	
结转到"本年利润"账户	公允价值变动损益	
合　　　计		

（有关人员签章）

注：根据账簿资料，将金额填入表内，然后转账。

原始凭证 46-2

内 部 转 账 单

转账日期 2019 年 12 月 31 日

摘　要	转 账 项 目	金　额
结转到"本年利润"账户	主营业务成本	
结转到"本年利润"账户	其他业务成本	
结转到"本年利润"账户	销售费用	
结转到"本年利润"账户	税金及附加	
结转到"本年利润"账户	管理费用	
结转到"本年利润"账户	财务费用	
结转到"本年利润"账户	营业外支出	
结转到"本年利润"账户	资产减值损失	
合　　　计		

（有关人员签章）

注：根据账簿资料，将金额填入表内，然后转账。

（47）12月31日,编制企业所得税年度纳税申报表。本企业符合小型微利企业条件,享受相关企业所得税优惠政策。

原始凭证 47-1

中华人民共和国企业所得税年度纳税申报表(A类)

2019 年度

行次	类别	项　目	金　额
1	利润总额计算	一、营业收入	
2		减:营业成本	
3		税金及附加	
4		销售费用	
5		管理费用	
6		财务费用	
7		资产减值损失	
8		加:公允价值变动收益	
9		投资收益	
10		二、营业利润(1－2－3－4－5－6－7＋8＋9)	
11		加:营业外收入	
12		减:营业外支出	
13		三、利润总额(10＋11－12)	
14	应纳税所得额计算	减:境外所得	
15		加:纳税调整增加额	
16		减:纳税调整减少额	
17		减:免税、减计收入及加计扣除	
18		加:境外应税所得抵减境内亏损	
19		四、纳税调整后所得(13－14＋15－16－17＋18)	
20		减:所得减免	
21		减:弥补以前年度亏损	
22		减:抵扣应纳税所得额	
23		五、应纳税所得额	
24	应纳税额计算	税率(25%)	
25		六、应纳所得税额(23×24)	
26		减:减免所得税额	
27		减:抵免所得税额	
28		七、应纳税额(25－26－27)	
29		加:境外所得应纳所得税额	
30		减:境外所得抵免所得税额	
31		八、实际应纳所得税额(28＋29－30)	
32		减:本年累计实际已预缴的所得税额	
33		九、本年应补(退)所得税额(31－32)	
34		其中:总机构分摊本年应补(退)所得税额	
35		财政集中分配本年应补(退)所得税额	
36		总机构主体生产经营部门分摊本年应补(退)所得税额	

原始凭证 47-2

纳税调整项目明细表

行次	项　　目	账载金额	税收金额	调增金额	调减金额
		1	2	3	4
1	一、收入类调整项目(2＋3＋4＋5＋6＋7＋8＋10＋11)	—	—		
2	（一）视同销售收入	—			—
3	（二）未按权责发生制原则确认的收入				
4	（三）投资收益				
5	（四）按权益法核算长期股权投资对初始投资成本调整确认收益	—	—	—	
6	（五）交易性金融资产初始投资调整	—	—		—
7	（六）公允价值变动净损益				
8	（七）不征税收入	—	—		
9	其中:专项用途财政性资金	—	—		
10	（八）销售折扣、折让和退回				
11	（九）其他				
12	二、扣除类调整项目 (13＋14＋15＋16＋17＋18＋19＋20＋21＋22＋23＋24＋26＋27＋28＋29＋30)	—			
13	（一）视同销售成本	—			—
14	（二）职工薪酬				
15	（三）业务招待费支出				—
16	（四）广告费和业务宣传费支出	—	—		
17	（五）捐赠支出				—
18	（六）利息支出				
19	（七）罚金、罚款和被没收财物的损失		—		
20	（八）税收滞纳金、加收利息		—		
21	（九）赞助支出		—		
22	（十）与未实现融资收益相关在当期确认的财务费用				
23	（十一）佣金和手续费支出				—
24	（十二）不征税收入用于支出所形成的费用	—	—		

（续表）

行次	项　目	账载金额	税收金额	调增金额	调减金额
		1	2	3	4
25	其中：专项用途财政性资金用于支出所形成的费用	—	—	—	
26	（十三）跨期扣除项目				
27	（十四）与取得收入无关的支出				
28	（十五）境外所得分摊的共同支出	—			
29	（十六）党组织工作经费	—			
30	（十七）其他				
31	三、资产类调整项目（32＋33＋34＋35）	—	—		
32	（一）资产折旧、摊销				
33	（二）资产减值准备金		—		
34	（三）资产损失				
35	（四）其他				
36	四、特殊事项调整项目（37＋38＋39＋40＋41＋42）	—	—		
37	（一）企业重组				
38	（二）政策性搬迁	—			
39	（三）特殊行业准备金				
40	（四）房地产开发企业特定业务计算的纳税调整额	—			
41	（五）有限合伙企业法人合伙方应分得的应纳税所得额	—			
42	（六）其他	—	—		
43	五、特别纳税调整应税所得	—	—		
44	六、其他	—			
45	合计（1＋12＋31＋36＋43＋44）	—	—		

原始凭证 47-3

资产损失税前扣除及纳税调整明细表

行次	项　　目	资产损失的账载金额	资产处置收入	赔偿收入	资产计税基础	资产损失的税收金额	纳税调整金额
		1	2	3	4	5(4−2−3)	6(1−5)
1	一、现金及银行存款损失						
2	二、应收及预付款项坏账损失						
3	其中：逾期三年以上的应收款项损失						
4	逾期一年以上的小额应收款项损失						
5	三、存货损失						
6	其中：存货盘亏、报废、损毁、变质或被盗损失						
7	四、固定资产损失						
8	其中：固定资产盘亏、丢失、报废、损毁或被盗损失						
9	五、无形资产损失						
10	其中：无形资产转让损失						
11	无形资产被替代或超过法律保护期限形成的损失						
12	六、在建工程损失						
13	其中：在建工程停建、报废损失						
14	七、生产性生物资产损失						
15	其中：生产性生物资产盘亏、非正常死亡、被盗、丢失等产生的损失						
16	八、债权性投资损失(17+22)						
17	(一)金融企业债权性投资损失(18+21)						
18	1.符合条件的涉农和中小企业贷款损失						
19	其中：单户贷款余额300万元(含)以下的贷款损失						
20	单户贷款余额300万元至1 000万元(含)的贷款损失						
21	2.其他债权性投资损失						
22	(二)非金融企业债权性投资损失						
23	九、股权(权益)性投资损失						
24	其中：股权转让损失						
25	十、通过各种交易场所、市场买卖债券、股票、期货、基金以及金融衍生产品等发生的损失						
26	十一、打包出售资产损失						
27	十二、其他资产损失						
28	合计:(1+2+5+7+9+12+14+16+23+25+26+27)						
29	其中:分支机构留存备查的资产损失						

原始凭证 47-4

广告费和业务宣传费跨年度纳税调整明细表

行次	项　目	金　额(元)
1	一、本年广告费和业务宣传费支出	
2	减:不允许扣除的广告费和业务宣传费支出	
3	二、本年符合条件的广告费和业务宣传费支出(1-2)	
4	三、本年计算广告费和业务宣传费扣除限额的销售(营业)收入	
5	税收规定扣除率	
6	四、本企业计算的广告费和业务宣传费扣除限额(4×5)	
7	五、本年结转以后年度扣除额(3>6,本行=3-6;3≤6,本行=0)	
8	加:以前年度累计结转扣除额	
9	减:本年扣除的以前年度结转额[3>6,本行=0;3≤6,本行=8 或(6-3)孰小值]	
10	六、按照分摊协议归集至其他关联方的广告费和业务宣传费(10≤3 或 6 孰小值)	
11	按照分摊协议从其他关联方归集至本企业的广告费和业务宣传费	
12	七、本年广告费和业务宣传费支出纳税调整金额(3>6,本行=2+3-6+10-11;3≤6,本行=2+10-11-9)	
13	八、累计结转以后年度扣除额(7+8-9)	

原始凭证 47-5

免税、减计收入及加计扣除优惠明细表

行次	项 目	金 额
1	一、免税收入(2+3+6+7+…+16)	
2	(一)国债利息收入免征企业所得税	
3	(二)符合条件的居民企业之间的股息、红利等权益性投资收益免征企业所得税	
4	其中:内地居民企业通过沪港通投资且连续持有H股满12个月取得的股息红利所得免征企业所得税	
5	内地居民企业通过深港通投资且连续持有H股满12个月取得的股息红利所得免征企业所得税	
6	(三)符合条件的非营利组织的收入免征企业所得税	
7	(四)符合条件的非营利组织(科技企业孵化器)的收入免征企业所得税	
8	(五)符合条件的非营利组织(国家大学科技园)的收入免征企业所得税	
9	(六)中国清洁发展机制基金取得的收入免征企业所得税	
10	(七)投资者从证券投资基金分配中取得的收入免征企业所得税	
11	(八)取得的地方政府债券利息收入免征企业所得税	
12	(九)中国保险保障基金有限责任公司取得的保险保障基金等收入免征企业所得税	
13	(十)中央电视台的广告费和有线电视费收入免征企业所得税	
14	(十一)中国奥委会取得北京冬奥组委支付的收入免征企业所得税	
15	(十二)中国残奥委会取得北京冬奥组委分期支付的收入免征企业所得税	
16	(十三)其他	
17	二、减计收入(18+19+23+24)	
18	(一)综合利用资源生产产品取得的收入在计算应纳税所得额时减计收入	
19	(二)金融、保险等机构取得的涉农利息、保费减计收入(20+21+22)	
20	1. 金融机构取得的涉农贷款利息收入在计算应纳税所得额时减计收入	
21	2. 保险机构取得的涉农保费收入在计算应纳税所得额时减计收入	
22	3. 小额贷款公司取得的农户小额贷款利息收入在计算应纳税所得额时减计收入	
23	(三)取得铁路债券利息收入减半征收企业所得税	
24	(四)其他	
25	三、加计扣除(26+27+28+29+30)	
26	(一)开发新技术、新产品、新工艺发生的研究开发费用加计扣除	
27	(二)科技型中小企业开发新技术、新产品、新工艺发生的研究开发费用加计扣除	
28	(三)企业为获得创新性、创意性、突破性的产品进行创意设计活动而发生的相关费用加计扣除	
29	(四)安置残疾人员所支付的工资加计扣除	
29	(五)其他	
31	合计(1+17+25)	

原始凭证 47-6

减免所得税优惠明细表

行次	项　目	金　额
1	一、符合条件的小型微利企业减免企业所得税	
2	二、国家需要重点扶持的高新技术企业减按 15% 的税率征收企业所得税	
3	三、经济特区和上海浦东新区新设立的高新技术企业在区内取得的所得定期减免企业所得税	
4	四、受灾地区农村信用社免征企业所得税	
5	五、动漫企业自主开发、生产动漫产品定期减免企业所得税	
6	六、线宽小于 0.8 微米(含)的集成电路生产企业减免企业所得税	
7	七、线宽小于 0.25 微米的集成电路生产企业减按 15% 税率征收企业所得税	
8	八、投资额超过 80 亿元的集成电路生产企业减按 15% 税率征收企业所得税	
9	九、线宽小于 0.25 微米的集成电路生产企业减免企业所得税	
10	十、投资额超过 80 亿元的集成电路生产企业减免企业所得税	
11	十一、新办集成电路设计企业减免企业所得税	
12	十二、国家规划布局内集成电路设计企业可减按 10% 的税率征收企业所得税	
13	十三、符合条件的软件企业减免企业所得税	
14	十四、国家规划布局内重点软件企业可减按 10% 的税率征收企业所得税	
15	十五、符合条件的集成电路封装、测试企业定期减免企业所得税	
16	十六、符合条件的集成电路关键专用材料生产企业、集成电路专用设备生产企业定期减免企业所得税	
17	十七、经营性文化事业单位转制为企业的免征企业所得税	
18	十八、符合条件的生产和装配伤残人员专门用品企业免征企业所得税	
19	十九、技术先进型服务企业减按 15% 的税率征收企业所得税	
20	二十、服务贸易创新发展试点地区符合条件的技术先进型服务企业减按 15% 的税率征收企业所得税	
21	二十一、设在西部地区的鼓励类产业企业减按 15% 的税率征收企业所得税	
22	二十二、新疆困难地区新办企业定期减免企业所得税	
23	二十三、新疆喀什、霍尔果斯特殊经济开发区新办企业定期免征企业所得税	
24	二十四、广东横琴、福建平潭、深圳前海等地区的鼓励类产业企业减按 15% 税率征收企业所得税	
25	二十五、北京冬奥组委、北京冬奥会测试赛赛事组委会免征企业所得税	
26	二十六、线宽小于 130 纳米的集成电路生产企业减免企业所得税	
26	二十七、线宽小于 65 纳米或投资额超过 150 亿元的集成电路生产企业减免企业所得税	
28	二十八、其他	
29	二十九、减:项目所得额按法定税率减半征收企业所得税叠加享受减免税优惠	
30	三十、支持和促进重点群体创业就业企业限额减征企业所得税(30.1+30.2)	
30.1	(一)下岗失业人员再就业	
30.2	(二)高校毕业生就业	
31	三十一、扶持自主就业退役士兵创业就业企业限额减征企业所得税	
32	三十二、民族自治地方的自治机关对本民族自治地方的企业应缴纳的企业所得税中属于地方分享的部分减征或免征(□免征　　　□减征:减征幅度_____%)	
33	合计(1+2+…+26+27-28+29+30+31+32)	

（48）12 月 31 日,利润分配。

原始凭证 48-1

利润分配计算表

2019年12 月

一、税后利润(全年)		
二、分配项目	分 配 比 例	分 配 金 额
1. 提取盈余公积		
2. 向投资者分配利润80%		
其中:	投资比例　　　%	
	投资比例　　　%	
	投资比例　　　%	
分　配　合　计		

注:①向投资者分配利润额为:税后利润×(1-10%)×80%。②按全年净利润提取的法定盈余公积。③编制记账凭证。

（49）12 月 31 日,将"本年利润"账户余额转入"利润分配"账户,结平"本年利润"账户。同时,将"利润分配"账户所属有关明细账户余额转入"利润分配——未分配利润"明细账户。

（50）12 月 31 日,结账,进行试算平衡,编制会计报表。

（51）进行会计报表分析,撰写分析报告。

（52）撰写实验报告。

第三章 模拟实习操作要求

本模拟实习的具体操作要求如下：

（1）根据第二章中的模拟实验资料（一）开设总分类账户，并将月初余额登入该账户的"余额"栏，在"摘要"栏填写"承前页"字样。

（2）根据第二章中的模拟实验资料（一）开设明细分类账户、现金日记账和银行存款日记账，并将余额记入各该账户的"余额"栏，在"摘要"栏填写"承前页"字样。

（3）根据第二章中的模拟实验资料（三）海塘市广海股份有限公司 2019 年 12 月份发生的经济业务及其原始凭证逐笔编制记账凭证，并将依据的原始凭证从本教程中剪下，附在记账凭证后。

（4）根据审核无误的记账凭证或有关原始凭证登记日记账和明细账。

（5）根据审核无误的记账凭证每 10 天编制一次科目汇总表。

（6）根据科目汇总表登记总账。

（7）总账与日记账、明细账进行核对，相符后，根据总账资料编制总分类账户本期发生额和余额试算平衡表。

（8）根据总账和明细分类账资料编制 2019 年 12 月份的资产负债表、利润表等会计报表。

实验教学项目卡

学　　期：_____

课程名称：_____

实验教师：_____

实验教学项目卡

实验教学归属部门		实验室名称	
实验项目名称		实验课时数	
所属课程名称		实验人数	
专业（班级）		实验时间	
是否按教学大纲设置	实验类型	实验开设属性	
实验教材或指导书名称			
实验目的			
实验设备及条件			
实验主要内容			
实验基本步骤和方法			
实验消耗材料			
实验室人员及教师签名			
实验室负责人签名			

注：① 实验类型分为：验证性、综合性和设计性。② 实验开设属性分为：必开、选开和自由开放。

实验中学生常见问题的解答

为了方便同学们学习,促进自主训练,提高实验效果,培养同学们的会计职业判断能力,我们将近年来同学们实验中提出的有关实验问题进行分析整理,选出下列比较典型问题进行解答,以供同学们在会计专业技能训练中或以后会计工作中参考之用。

1. 如何使用多栏式明细账?

多栏式明细账是根据经济业务的特点和经营管理的需要,在一张账页上按有关子目或细目分设若干栏目,以集中反映各有关明细科目的核算资料。按照明细账所记经济业务的特点不同,多栏式明细账可以采用借方多栏式、贷方多栏式、借贷方多栏式明细账三种格式。

1) 借方多栏式明细账

账页结构:该账是在账页中设置借方、贷方和余额三个金额栏,并直接在借方栏再按明细项目分设若干专栏,也可对借方栏再单独开设借方金额分析栏并在栏内按照明细项目分设若干专栏。

适用范围:它适用于借方需设置多个明细项目的资产、成本、费用类账户的明细分类核算,如"交易性金融资产(成本、公允价值变动)""应收票据(面值、应计利息)""持有至到期投资(成本、利息调整、应计利息)""可供出售金融资产(成本、公允价值变动、利息调整、应计利息)""材料采购""制造费用""在建工程""管理费用""销售费用""税金及附加""财务费用""资产减值损失""营业外支出"等明细账。

登记方法:依据记账凭证顺序逐笔登记。如有需要冲减各明细项目的发生额,则用"红字"登记在借方栏及明细项目专栏内,以表示对该项目金额的冲销。损益类账户中费用、损失类账户贷方用于结转"本年利润"账户时登记结转金额。

说明:①在实务中,为了反映期末在产品成本各成本项目的余额,一般"生产成本"明细账户账页结构设置为上下结构,不是左右结构,不设置贷方栏,按成本项目设置借方多栏式明细账。结转完工产品成本是从成本项目的生产费用累计栏下方结转,然后再结出期末余额(即在产品成本及各成本项目余额)。但如"管理费用""销售费用"等明细账户不能设置成上下结构的账页格式,结转至"本年利润"账户不能从下方结转,需要从贷方栏结转,主要为计算本年累计数额;如从下方结转的话,从账页结构上讲计算不出各费用项目本月合计和本年累计数,发生数和结转数相互抵销了。②为了反映各种税金及附加(如消费税、关税、资源税、土地增值税、城市维护建设税、教育费附加、房产税、土地使用税、印花税等相关税费),方便进行财务成本分析,"税金及附加"明细账户账页需要设置借方多栏式明细账。

2) 贷方多栏式明细账

账页结构:该账是在账页中设置借方、贷方和余额三个金额栏,并直接在贷方栏再按明细项目分设若干专栏,也可对贷方栏再单独开设贷方金额分析栏并在栏内按照明细项目分设若干专栏。

适用范围:它适用于贷方需设多个明细项目的收入、资本类账户的明细分类核算,如"主营业务收入""营业外收入""应付职工薪酬""实收资本""资本公积""盈余公积"等明细账。

登记方法:依据记账凭证顺序逐笔登记。如发生需要冲减各明细项目的发生额,则用红字登记在贷方栏及明细项目专栏内,以表示对该项目金额的冲销。如销售退回,用红字登记在"主营业务收入"明细账贷方栏内,表示对原销售收入的冲销。损益类账户中收入、利得类明细账户借方栏用于结转"本年利润"账户时登记结转金额。

3)借贷方多栏式明细账

账页结构:该账是在账页中设置借方、贷方和余额三个金额栏,并直接在借方栏、贷方栏再按明细项目分设若干专栏。

适用范围:它适用于借方、贷方均需设多个明细项目进行明细分类核算的账户,如"本年利润""应交税费——应交增值税""利润分配"等明细账。

归纳:在实际工作中,根据明细科目或子目的多少和管理要求,账页格式设有 7 栏、9 栏、13 栏等不同格式的账页。例如,本实验中 C01、C02 产品,可以按 C01、C02 产品设"生产成本"明细账并按成本项目设专栏,由于成本项目少可以设置 7 栏式明细账页。又如,对于"管理费用"明细账,由于"管理费用"账户明细项目多,而且有些项目为适应税务的需要必须单独设置明细科目(如"业务招待费"等),所以,"管理费用"明细账至少需要设置 13 栏的账页格式。在电算化情况下,账页格式问题容易解决。

2. 会计实验中第一笔经济业务比较复杂如何理解?

答:短学期的会计综合模拟实验主要训练同学的分析问题、解决问题和会计职业判断能力,所以基本上只给出了经济业务发生后形成的各种票据、发票等原始凭证,没有文字说明,与实际工作相同。这样就需要我们对这些原始凭证进行解读,即综合应用已学的会计、税务、金融等知识来分析和解决问题。

本书第 1 笔经济业务中,海塘市广海股份有限公司向海临有限公司购入材料并验收入库以及货款。现对该业务分析解读如下:

(1)先要明确你是海塘市广海股份有限公司的会计。

(2)海塘市广海股份有限公司原先已经支付给海临有限公司 6 970 元部分预付款(从"预付账款"账户期初余额分析得出),本次购入材料取得增值税专用发票,不含增值税的材料买价是 27 000 元、增值税额是 3 510 元。

(3)材料从海临有限公司运到海塘市广海股份有限公司发生的运费为 2 400 元,增值税额216 元,并取得运费的增值税专用发票,从发票上分析,该货物是海临有限公司发货并代垫了运费。

(4)材料运到海塘市广海股份有限公司并验收入库,财务部门已取得材料验收入库单。

(5)根据《企业会计准则》规定,材料运费等采购费用计入材料的采购成本,又根据增值税有关规定,增值税一般纳税人购入材料取得的增值税专用发票、运费的增值税专用发票上注明的增值税额符合抵扣条件的允许抵扣的增值税进项税额计算。该材料的采购成本、增值税进项税额计算如下:

该材料的实际采购成本＝27 000＋2 400＝29 400(元)

可抵扣的增值税进项税额＝3 510＋216＝3 726(元)

应付价税款合计＝29 400＋3 726＝33 126(元)

(6) 当日,海塘市广海股份有限公司签发并承兑一张面值为 26 156 元的商业承兑汇票抵付货款,再扣除"预付账款"账户月初借方余额 6 970 元,款项已结清。

(7) 由于与海临有限公司的货款结算,采用先预付部分款项,购入材料后再支付余款。海塘市广海股份有限公司为了满足管理上需要,即需要详细、系统地记录与海临有限公司的业务往来、信誉等情况,所以全部款项通过"预付账款"账户核算。

(8) 本实验的原材料收发存核算采用计划成本法,这样在入库时同时还要计算并结转材料成本差异。

(9) "材料采购"明细账户的设置应与材料成本差异率的计算相联系。如果材料成本差异率是按原材料、周转材料类别分别计算材料成本差异率的,一般应按原材料和周转材料设置"材料采购"明细账户。如果是按原料和主要材料、辅助材料等类别分别计算材料成本差异率的,材料采购明细账户应按原料和主要材料、辅助材料等类别设置。本实验中原材料按计划成本核算并按原材料计算一个材料成本差异率,所以只需要按原材料设置"材料采购"明细账户,进行明细核算。

3. 票据在贴现时,它的期限是按日算还是按月算? 要怎样区分? 在怎样的情况下按日计算,在怎样的情况下按月计算? 在第 8 笔经济业务中,为什么利息收入的计算是按月的,而贴现是按天计算的? 为什么不能都按天计算?

答:票据期限有按月或按日计算之分,是根据双方在票据上的约定来确定的,但票据贴现按银行的规定是按天数计算的,即从贴现日开始计算至到期日的天数再减去一天。

例如,2019 年 3 月 5 日签发并承兑的银行承兑汇票,双方约定票据期限为 3 个月,票据持有人于 5 月 10 日向银行贴现。

票据的到期日为 6 月 5 日。票据期限是按月份,到期日为到期月份的对应日期。

贴现天数的计算:5 月份是 22 天,6 月份 5 天,贴现天数＝22＋5－1＝26(天)。

本书第 8 笔经济业务中,该商业承兑汇票的期限是按月计算的,即从 2019 年 8 月 10 日至 2020 年 2 月 10 日止,期限为 6 个月,所以应收利息是按月计算,到期值＝21 000×(1＋8％×6÷12)＝21 840(元)。而贴现利息是按贴现天数计算的,海塘市广海股份有限公司于 2019 年 12 月 10 日向银行贴现,贴现天数的计算,12 月为 22 天,1 月份为 31 天,2 月份为 10 天,贴现天数＝22＋31＋10－1＝62(天),贴现利息＝21 840×10％×62÷360＝376.13(元)。

4. 本书第 11 笔经济业务中,海塘市广海股份有限公司在办理银行汇票进账手续时,11 120 元余款是不是应予以退回? 需要作会计分录吗?

答:不作会计处理,多余金额 11 120 元由银行直接退回申请人,海塘市广海股份有限公司收到该银行汇票时,经审核后,在"实际结算金额"栏填写实际应收的金额 198 880 元,多余的 11 120 元填写在银行汇票的"多余金额"栏内,并在票据的"提示付款"处盖章,然后再填写进账单一并送存开户银行,开户银行经审核无误后,将其款项划入该公司的存款账户,该公司根据开户银行(兑付银行)退回的进账单(收账通知联)编制银行收款凭证。

5. 本书第 22 笔经济业务为什么不用作出口退税的会计处理?

答:出口退税的会计处理,到月末才汇总进行。第 22 笔经济业务是反映销售情况的,平时只作外销会计处理。在实际工作中,需要特别注意的是,对于报关离境的货物应及时在财务上作销售处理(出口货物只有在财务上作销售处理后,才能办理退税),并单独设置外销明细账,详细记录外销货物的情况,便于在申报出口退税时提供详细资料;办理出口退税的会计人员平时还需要注意及时收集:出口货物报关单(出口退税专用)、增值税专用发票(抵扣联)、出口收汇核销单等申报出口退税凭证;出口退税会计人员平时应经常关注国家税务总局网站出口退税政策的动态及变化,特别是退税率的变动对企业效益影响很大。

由于本书中该公司的出口退税率与征税率相同,而且本月的应纳税额是正数,表明出口货物应退税被内销产品应纳税额抵顶了。月末该公司只需要进行以下会计处理即可:

借:应交税费——应交增值税(出口抵减内销产品应纳税额)　　　　　　　　7 675.28
　贷:应交税费——应交增值税(出口退税)(9 500×6.214 8×13％)　　　　　7 675.28

6. "材料采购"明细账是怎么设置与登记的?

答:设置专用格式采用横线登记法,即在同一行内既登记材料的购入又登记材料的入库情况,这样能清楚地反映出一笔材料采购业务的购入和入库,如果有购入记录没有入库记录,表明该材料属于在途材料。

7. 现金流量表中的"支付其他与投资活动有关的现金"项目主要是指什么?

答:现金流量表中的"支付其他与投资活动有关的现金"项目是指除现金流量表中单独列示项目外,支付的其他与投资活动有关的现金,如购买股票时实际支付的价款中包含的已宣告尚未领取的现金股利等。

8. 可供出售金融资产公允价值变动,为什么不计入当年应纳税所得额?

答:可供出售金融资产采用公允价值计量,资产负债表日公允价值变动形成的利得或损失直接计入所有者权益,在该金融资产终止确认时转出,计入当期损益。我国《企业所得税法》规定采用公允价值计量的资产,资产负债表日,公允价值变动形成的利得或损失不计入当年应纳税所得额,原因是公允价值变动形成的利得或损失是一种尚未实现的利得或损失,只有当该资产被处置时将实际发生的收益或损失计入应纳税所得额。根据《企业会计准则》和税法对可供出售金融资产公允价值的处理意见,当公允价值变动形成的利得或损失,在会计处理时不计入当年利润总额;在税法上也不计入当年应纳税所得额。所以,企业在利润总额的基础上调整应纳税所得额,不需要对可供出售金融资产公允价值变动部分进行纳税调整。虽然会计上对这部分公允价值变动形成的利得或损失不计入当期损益,但会计处理仍作为应纳税暂时差异或可抵扣暂时性差异处理。对未来所得税的影响额,应记入"其他综合收益"账户。

但应注意的是,交易性金融公允价值变动形成的利得或损失按《企业会计准则》规定应计入当期损益,所以在计算当年应纳税所得额时应进行纳税调整,即在会计利润总额基础上减交易性金融公允价值变动形成的利得或加交易性金融公允价值变动形成的损失。

9. 购入原材料时,材料尚未入库,在什么情况下用"材料采购"账户,什么情况下用"在途物资"账户?

材料收、发、存按计划成本核算时,购入材料无论是否入库,均先通过"材料采购"账户核算;材料收、发、存按实际成本核算时,当购入材料并同时验收入库可以不通过"在途物资"账户,如购入材料,但材料尚未验收入库时,需要设置"在途物资"账户,用于核算材料已购入,但材料尚未到达或已到达但尚未验收入库材料的实际采购成本。

10. 如何设置与登记"利润分配"明细账?

答:为了核算利润分配的详细情况,"利润分配"明细账应分别按"提取法定盈余公积""提取任意盈余公积""应付现金股利或利润""转作股本的股利""盈余公积补亏"和"未分配利润"

等明细账户设专栏。该明细账应是借贷方多栏式账页。借方应设"提取法定盈余公积""提取任意盈余公积""应付现金股利或利润""转作股本的股利"等明细账户;贷方应设"盈余公积补亏"和"未分配利润"等明细账户。

本书应先按上述明细账户开设借贷多栏式利润分配明细账,并将12月初余额分别登记"提取法定盈余公积"和"未分配利润"明细账户。年度终了时,将本年度实现的净利润由"本年利润"账户结转至"利润分配——未分配利润"明细账户;同时,除"未分配利润"明细账户外的其他"利润分配"明细账户余额结转"未分配利润"明细账户。

11. 本书中,由于上年广告宣传费按税法规定形成递延所得税资产,在今年的企业所得纳税申报表中,计算纳税调整减少额时为什么要用递延所得税资产期初余额除以25%?

答:根据我国《企业所得税法》规定,企业发生的符合条件的广告宣传费支出,不超过当年销售(营业)收入的15%部分,准予扣除;超过部分,准予结转以后纳税年度扣除。《企业会计准则》将当年不能在税前扣除,但可以结转以后年度扣除的这部分广告宣传费称为可抵扣暂时性差异,这部分可抵扣暂时性差异乘以所得税税率形成的递延所得税资产。当以后年度转回时应将递延所得税资产期初余额还原为广告宣传费金额进行纳税调减,减少转回年度的应纳税所得额。本书中,2018年度发生广告宣传费,该年度不能在税前扣除的广告宣传费为23 607.48元(5 901.87÷25%)。经计算,这部分广告宣传费支出可以在2019年度计算应纳税所得额时扣除。

12. 成本费用类账户结转,为什么产品成本类可以在成本项目下面结转,而费用类却要在账页贷方结转? 同样两种结转都能平,为什么有这样的不同?

答:"生产成本"账户一般按照成本项目设置多栏式明细账,为了详细反映完工产品的总成本及其构成情况和期末在产品成本的各成本项目金额,所以在结转完工产品成本时从成本项目下方结转,并且期末余额也在下方。这样不仅能反映出结转的完工产品总成本而且也能反映出完工产品总成本中各成本项目的金额,还能够详细反映出期末生产成本各成本项目余额。这类明细账户结构是上下结构,不是左右结构。费用类账户期末结转后一般无余额,结转的金额在贷方栏登记,其账户结构是左右结构。这类账户往往还需要反映全年累计发生额,如果结转金额也从费用项目下方转出的话,从账户结构上讲无法计算出全年累计发生额。虽然两种结转方法从表面上看不影响期末余额的计算,但从管理上看意义是就不同了。

13. 一个企业若没有在银行开立外汇账户的权利,即该企业一收到外汇就要卖给银行换成人民币,照样要按不同的外汇币种开设外币的明细账吗?

答:根据我国外汇管理制度规定,一般企业是不能拥有外币现金和外币存款的,但不等于没有外币债权、债务,所以仍然需要开设如应收账款、短期借款等债权、债务外币账户,并按照外币种类和债权人或债务人设置明细账户,对这类账户的账页中的借、贷、余三栏中每一栏,还需要设置外币金额、外币折合率、记账本位币等项目的明细账。

14. 增值税纳税申报表中的"应税货物销售额"是包括销售库存商品和销售原材料等企业销售的一切货物的总和吗?

答:不是。"应税货物销售额"项目是指按适用税率征税货物销售额,即按13%和9%征税的货物包括销售库存商品和销售原材料。实行简易办法征税的货物和实行免、抵、退办法出口货物销售额应分别单独反映,不包括在本项目内。

15. 在编制现金流量表时,有一笔212.5元的存款利息收入,这笔现金流入应该记到哪里去呢? 是计入经营活动产生的现金流量,还是筹资活动产生的现金流量?

答:利息收入产生的现金流入应属于哪类现金流量,需要分析确认,根据《企业会计准则第31号——现金流量表》规定,如属于债权性投资而取得现金利息收入,是因投资所产生的收益,应归属于"投资活动产生的现金流量"中"取得投资收益收到的现金"项目;如属于投资时支付的价款中包含的已到付息期但尚未领取的债券利息,在之后收到现金债券利息时,应归属于"投资活动产生的现金流量"中"收到其他与投资活动有关的现金"项目;如属于生产经营活动存款利息收入,应归属于"生产经营活动产生的现金流量"中的"收到其他与经营活动有关的现金"项目。本书中取得212.5元存款利息收入属于经营活动产生的现金流量。

16. 第19笔经济业务中,企业为青年职工提供无偿使用集体宿舍,计提固定资产折旧应如何进行会计处理?

答:《企业会计准则第9号——职工薪酬》规定的职工薪酬是指企业为获得职工提供的服务而给予各种形式的报酬以及其他相关支出,主要包括职工工资、奖金、津贴和补贴,职工福利费、社会保险费、住房公积金、工会经费和职工教育经费,非货币性福利等。企业为职工提供无偿使用自己拥有的资产或租赁资产供职工无偿使用属于非货币性福利,构成企业的人工成本。因此,第19笔经济业务中企业为青年职工提供无偿使用集体宿舍而计提固定资产折旧费也属于职工薪酬的一部分,应确认为职工薪酬非货币性福利,同时应确认为生产成本、制造费用、管理费用中的人工成本。《企业会计准则第9号——职工薪酬》提出了完整的人工成本理念,改变了长期以来会计上对企业人工成本核算偏低、企业容易在国际贸易中处于不利地位的局面。

应注意的是,在第19笔经济业务中,企业为青年职工提供无偿使用集体宿舍,应计提固定资产折旧,并记入"生产成本""制造费用""管理费用"明细账中"直接人工"或"职工薪酬"项目,不能记入"生产成本""制造费用""管理费用"明细账中折旧费用项目。

实验评分标准

"会计综合模拟实验"(或称"会计专业技能训练")课程成绩分为优秀、良好、中等、及格、不及格。各等级评分标准如下。

1. 优秀(A)

(1) 实验项目的各项经济业务的会计技术处理过程符合《企业会计准则》和《企业会计制度》的要求。

(2) 会计凭证的填制符合有关财经、会计等法规的要求,无涂改现象,凭证装订规范。

(3) 账簿设置符合要求,账簿记录符合规范,账面整洁。

(4) 数据计算正确:固定资产折旧计提、应付职工薪酬计算、各项成本计算、资产减值判断与计算正确。

(5) 外币业务处理符合规范。

(6) 增值税申报符合要求、所得税的纳税调整与申报符合我国《企业所得税法》规定,会计处理符合《企业会计准则》要求。

(7) 报表编制符合规范、钩稽关系正确。

(8) 实验结论正确。

(9) 验收答疑、回答问题思路清晰、准确。

(10) 实验报告格式规范,实验目的明确,实验原理与步骤正确,实验内容数据记录全面,实验体会体现专业特征。

2. 良好(B)

(1) 实验项目的各项经济业务的会计技术处理过程符合《企业会计准则》和《企业会计制度》的要求。

(2) 会计凭证的填制符合有关财经、会计等法规的要求,无涂改现象,凭证装订规范。

(3) 账簿设置符合要求,账簿记录基本符合规范,账面比较整洁。

(4) 数据计算正确:固定资产折旧计提、应付职工薪酬计算、各项成本计算、资产减值判断与计算正确。

(5) 外币业务处理符合规范。

(6) 增值税申报符合要求、所得税的纳税调整与申报符合我国《企业所得税法》规定,会计处理基本符合《企业会计准则》要求。

(7) 报表编制符合规范,钩稽关系正确。

(8) 实验结论正确。

(9) 验收答疑,回答问题基本正确。

(10) 实验报告格式规范,实验目的明确,实验原理与步骤正确,实验内容数据记录全面,有一定的实验体会。

3. 中等(C)

(1) 实验项目的各项经济业务的会计技术处理过程基本符合《企业会计准则》和《企业会计制度》的要求。

(2) 会计凭证的填制符合有关财经、会计等法规的要求,基本无涂改现象,凭证装订规范。

(3) 账簿设置基本符合要求,账簿记录基本符合规范,账面比较整洁。

(4) 数据计算正确:固定资产折旧计提、应付职工薪酬计算、各项成本计算、资产减值判断与计算正确。

(5) 外币业务处理符合规范。

(6) 增值税申报符合要求、所得税的纳税调整与申报符合我国《企业所得税法》规定,会计处理基本符合《企业会计准则》要求。

(7) 报表编制基本符合规范,钩稽关系基本正确。

(8) 实验结论基本正确。

(9) 验收答疑,回答问题无明显错误。

(10) 实验报告基本格式规范,实验目的明确,实验原理与步骤正确,实验内容数据记录较全面,有一定的实验体会。

4. 及格(D)

(1) 实验项目的各项经济业务的会计技术处理过程能基本符合《企业会计准则》和《企业会计制度》的要求。

(2) 会计凭证的填制基本符合有关财经、会计等法规的要求,基本无涂改现象,凭证装订较规范。

(3) 账簿设置基本符合要求,账簿记录基本符合要求,账面尚整洁。

(4) 数据计算正确:固定资产折旧计提、应付职工薪酬计算、各项成本计算、资产减值判断与计算正确。

(5) 外币业务处理符合规范。

(6) 增值税申报符合要求、所得税的纳税调整与申报符合我国《企业所得税法》规定,会计处理基本符合《企业会计准则》要求。

(7) 报表编制基本符合规范、钩稽关系基本正确。

(8) 验收答疑,回答问题原则错误。

(9) 实验结论基本无错误。

(10) 实验报告基本格式规范,实验目的明确,实验原理与步骤正确,实验内容数据记录较全面,有一定的实验体会。

5. 不及格(E)

(1) 实验项目的各项经济业务的会计技术处理过程不符合《企业会计准则》和《企业会计制度》的要求。

(2) 会计凭证的填制不符合有关财经、会计等法规的要求,涂改现象严重,凭证装订不规范。

(3) 账簿设置不符合要求,账簿记录不符合规范,账面不整洁。

(4) 数据计算不正确:固定资产折旧计提、应付职工薪酬计算、各项成本计算、资产减值判断与计算不正确。

（5）外币业务处理不符合规范。

（6）增值税申报符合要求、所得税的纳税调整与申报不符合我国《企业所得税法》规定，会计处理不符合《企业会计准则》要求。

（7）报表编制不符合规范，钩稽关系错误。

（8）验收答疑，回答问题错误。

（9）实验结论不正确。

（10）实验报告基本格式不规范，实验目的不明确，实验原理与步骤不正确，实验内容数据记录不全，实验体会不符合专业特征。

实验结果验收记录表

班级：　　　　　　　　　　　　　　　　　　　　学期：

序号	学号	姓名	会计资料完整性	会计资料整洁度	实验结果准确性	实验报告规范性	答疑	备注

实验老师签名：

实验过程控制记录表

班级：   学期：

序号	学号	姓名	迟到	早退	缺勤	独立完成程度	进度检查	备注

实验老师签名：

实验报告格式及写作要求

一、实验报告的格式

实验报告的参考格式如下：

"会计综合模拟实验"课程实验报告

学年　　　学期

实验课程名称：

班级：　　　　　姓名：　　　　　学号：　　　　　成绩：

一、实验目的

二、实验原理和步骤

三、实验内容及数据记录

（续上）

四、实验结果

五、体会

二、实验报告的写作要求

（一）内容要求

实验报告内容应包含以下几个方面。

1. 实验企业基本情况

（1）企业组织结构、生产工艺过程。

（2）会计核算工作的组织方式，相关的财务会计政策、制度、规定等。

2. 实验的基本技术过程

（1）开设账户（建账）的工作中应该注意的基本问题。

（2）结合一个具有代表性的业务实例分析本期会计业务处理的技术过程。如业务实例的原始凭证及其分析解读、专业处理方法、过程、所应用的会计核算专业资料、各专业资料相互之间的技术关系、专业处理结果对会计报表所产生的影响。

3. 企业产品成本核算工作的组织

（1）各部门在产品生产过程中的性质、作用。

（2）相关产品成本核算账户的开设、产品成本核算的基本方法。

（3）各生产车间、各生产步骤之间、费用的归集、分配、结转方法。

（4）完工产品成本的计算方法。

4. 会计期末业务

（1）会计期末损益的确认、计算与结转方法的相关问题。

（2）税务处理业务（如企业所得税纳税调整业务）的相关问题。

（3）纳税申报表、会计报表编制的相关问题。

5. 实验结论

实验结论包括主要财务报表数据、应纳税款数据、报表分析数据等。

6. 体会与建议

（二）字数要求

实验报告字数不少于 3 000 字。

实 验 思 考 题

1. 结合实验,分析"营改增"对原增值税一般纳税人有什么好处?

2. 结合实验,分析增值税的扣税凭证有哪些?

3. 结合实验,分析对于产品销售存在外销和内销的企业,产品销售收入明细账应如何设置才能满足相关税收法规的要求办理出口退税?

4. 结合实验,分析原材料日常收发核算采用计划成本核算的优缺点。

5. 结合实验,分析"生产成本"明细账的登记方法与"制造费用"明细账的登记方法有什么不同?

6. 结合实验,分析海塘市广海股份有限公司有哪些业务涉及其他综合收益?

7. 结合实验,描述银行承兑汇票的办理流程。

8. 结合实验,描述银行汇票的办理流程。

9. 结合实验,描述信汇结算方式的办理流程。

10. 结合实验,分析哪些结算方式是由收款人主动办理结算的? 哪些结算方式是由付款人主动办理结算的?

11. 结合实验,分析"管理费用"明细账和"销售费用"明细账中哪些费用项目必须单独设置费用项目专栏,以利于企业所得税的汇算清缴工作?

12. 通过实验,分析本书中涉及增值税申报表中有哪些栏目? 应如何填列?

13. 假设某同学对本书中有关申报企业所得税所涉及的广告费、业务招待费等税前扣除项目,如何扣除以及纳税调整方法不是很清楚,请你结合本书向该同学进行讲解。

14. 结合实验,如何评价海塘市广海股份有限公司的财务状况和经营成果?

15. 通过实验,你认为哪些方面的会计技能得到了进一步提高?